JN068035

# 中東の経済学

Hosoi Takeru
國學院大學
経済学部教授
細井長

KANZEN

〔はじめに〕

# 中東の経済事情を知るために

「中東経済についての入門書を書けないか？」と編集担当・石沢鉄平氏から打診を受けたとき、「売れるの？」が私からの第一声でした。

たしかに日本にとって、石油を通じて中東は重要な地域となっています。日本では中東政治や文化についての出版物はそこそこありますが、経済関連のものは皆無です（現地経験者の「武勇伝」系はありますが）。

そこで、トレンドをおさえつつも、学術的な観点から中東経済のしくみ、成り立ちを説明し、世界との関係性を考えることができる一般向け入門書になるよう心がけ執筆しました。

なお、本書のタイトルは『中東の経済学』となっていますが、中東経済事情の解説が中心となっていて、一貫して経済学の文脈で書かれているわけではありません。出版社の都合上、このようなタイトルになっていることをあらかじめご了承ください。

本書を通じて、あまり知られていない中東地域の経済事情について、読者の理解・関心が深まることを期待しています。

國學院大學経済学部教授　**細井　長**

# 中東の経済学



Part.1

## 石油産業の歴史としくみ

## Part.2 世界と日本のエネルギー事情

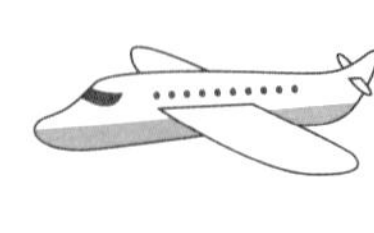

Part.3
# オイルマネーの循環

Part.4
# 中東の貿易構造



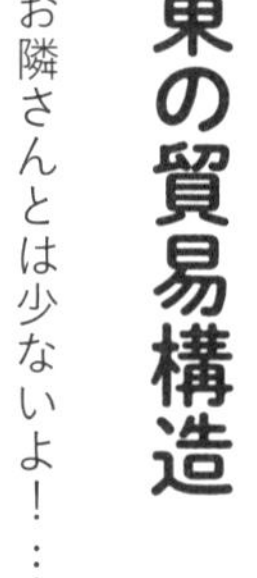
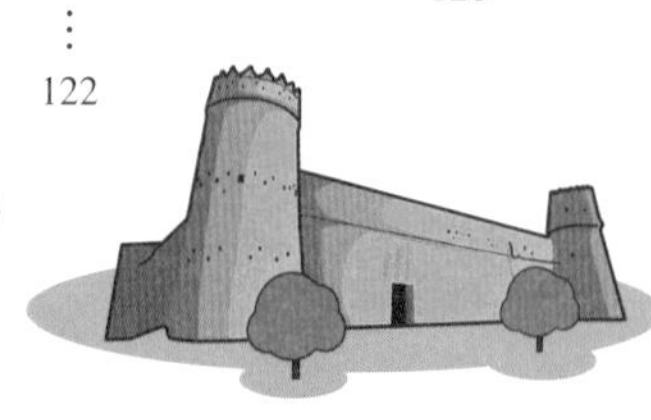

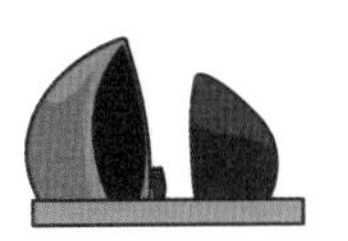



## Part.5 労働構造と人的資本

Part.6

# 中東経済の未来

プロローグ

# 中東経済の基礎知識

中東経済の基礎知識①

# 中東という地域

日本語の「中東」は、英語のMiddle Eastを直訳したものです。アラビア語でも、英語の直訳を用いています。中東という語は、欧州からみた地理的概念となります。

欧州では、現在の中東から日本にかけての地域を東方（オリエント）と呼んでいました。これが、19世紀にバルカン半島以東のオスマン帝国支配地域を「近東（Near East）」、中国などを「極東」と呼ぶようになります。

中東という呼び方が出てきたのは、20世紀になってからです。第一次世界大戦の際、イギリス軍が現在のシリア周辺地域とペルシャ湾地域を区別するために、中東という用語を使うようになりました。第二次世界大戦時には、イギリス軍が現在のリビアからイラクあたりを管轄する中東司令部を設置しています。

現在、中東と呼ぶ場合、一般的には西はモロッコやモーリタニア、東がアフガニスタンやイラン、北がトルコ、南がスーダンあたりを指し、地理的にはユーラシア大陸とアフリカ大陸にまたがる地域となります。

中東・北アフリカ（NENA）という呼び

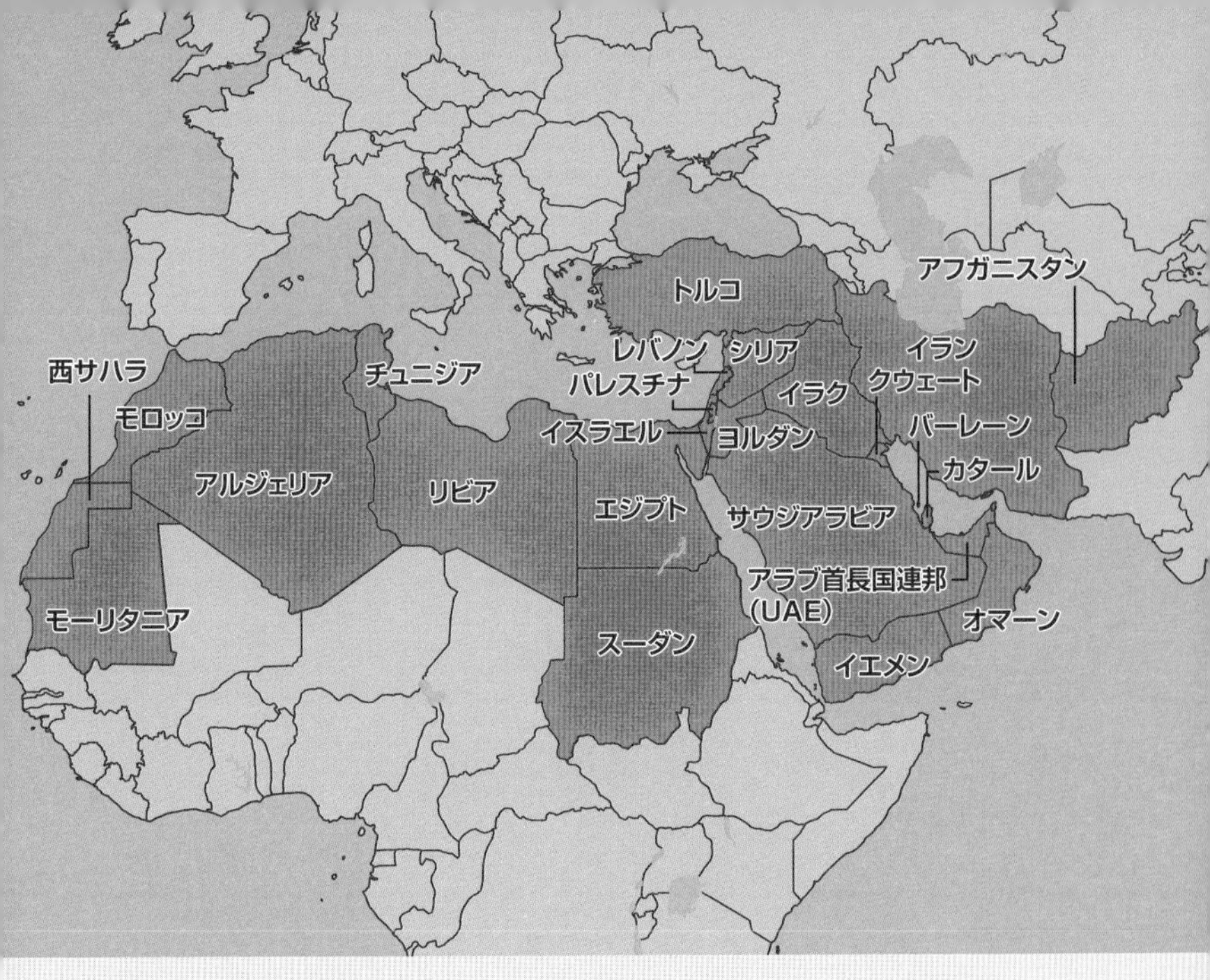


方もあります。

経済という観点では、なんといっても産油国であるサウジアラビアやUAE（アラブ首長国連邦）などのアラビア半島の国ぐにとイラン、イラク、リビアなどが重要国となります。また、人口が多いエジプト、トルコなども経済的な存在感を示していま す。さらに、イスラエルはハイテク産業が盛んな国として有名です。

中東地域は広く、多様ですが、本書では経済面で重要なサウジアラビアなどアラビア半島の国ぐに（6カ国で湾岸協力会議〈GCC〉を結成しています）を中心に、折に触れてほかの国も取り上げながら、中東経済の姿を紹介していきます。

中東経済の基礎知識②

# 主要な中東の国ぐに①

## サウジアラビア
Kingdom of Saudi Arabia

| 首都 | リヤド |
|---|---|
| 人口 | 3,640万人 |
| 人口増加率 | 1.27% |
| 1人あたりGDP(名目) | 30,447米ドル |
| 天然資源レント率(対GDP比) | 25.57% |
| 日系企業数 | 110 |

## アラブ首長国連邦(UAE)
United Arab Emirates

| 首都 | アブダビ |
|---|---|
| 人口 | 944万人 |
| 人口増加率 | 0.81% |
| 1人あたりGDP(名目) | 53,707米ドル |
| 天然資源レント率(対GDP比) | 17.63% |
| 日系企業数 | 346 |

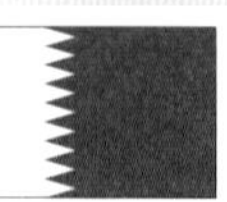

## カタール
State of Qatar

| 首都 | ドーハ |
|---|---|
| 人口 | 269万人 |
| 人口増加率 | 0.26% |
| 1人あたりGDP(名目) | 87,661米ドル |
| 天然資源レント率(対GDP比) | 27.29% |
| 日系企業数 | 35 |

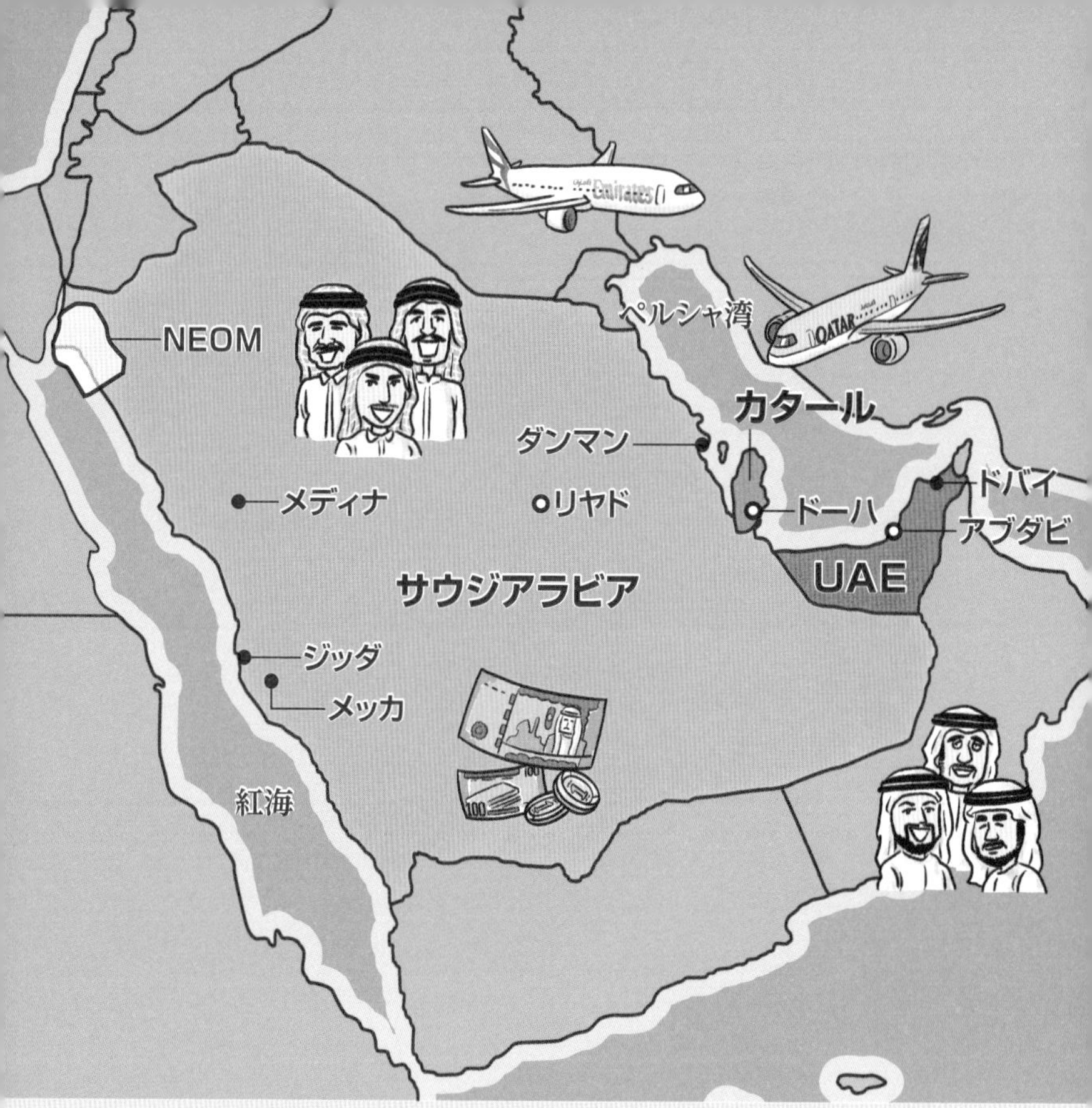


サウジアラビアはアラビア半島の大半を占める国です。イスラム教の聖地メッカ・メディナがあり、戒律に厳しく異教徒を受け入れない国でしたが、近年、大きく変化しています。石油に依存しない国をめざし、大規模な開発プロジェクトが進行中です。

UAEは7つの首長国から構成される連邦国家です。そのうち、アブダビが石油の中心で、石油があまり採れないドバイは商業や物流など非石油産業の中心地です。ドバイの非石油産業育成は中東の先駆者であり、日本でもその名が知られるようになりました。

カタールは石油に加え、世界最大のガス田を有し、天然ガス生産で有名です。それら資金を元手にして、やはり非石油産業の育成を進めています。スポーツ分野でカタールの名を耳にする機会が増えてきています。

# 主要な中東の国ぐに②

## エジプト

Arab Republic of Egypt

| 首都 | カイロ |
|---|---|
| 人口 | 1億1,099万人 |
| 人口増加率 | 1.57% |
| 1人あたりGDP(名目) | 4,295米ドル |
| 天然資源レント率(対GDP比) | 5.14% |
| 日系企業数 | 52 |

## トルコ

Republic of Türkiye

| 首都 | アンカラ |
|---|---|
| 人口 | 8,497万人 |
| 人口増加率 | 0.98% |
| 1人あたりGDP(名目) | 10,674米ドル |
| 天然資源レント率(対GDP比) | 0.83% |
| 日系企業数 | 275 |

## イスラエル

State of Israel

| 首都 | エルサレム |
|---|---|
| 人口 | 955万人 |
| 人口増加率 | 1.97% |
| 1人あたりGDP(名目) | 54,930米ドル |
| 天然資源レント率(対GDP比) | 0.44% |
| 日系企業数 | 87 |

※日本など多くの国はエルサレムではなく最大都市テルアビブに大使館を設置している

エジプトはかつて経済的な存在感も強かったのですが、現在では「援助」を受ける側です。主要産業のひとつである観光業は外的要因に左右され、コロナ禍のようなことが起きると大打撃を受けます。外貨不足問題もあり、たびたびIMF（国際通貨基金）から融資を受けています。交通の要衝「スエズ運河」の通航料も国家収入の大きな柱となっています。

トルコはエルドアン大統領が「インフレだが利下げ」という奇妙な政策を実施していました。2023年、エルドアン政権２期目に入り、金利政策の変更後も混乱しています。

イスラエルは中東経済のなかでは特異な国です。周辺諸国との紛争により軍需産業が発達し、さらにアメリカとの関係が深いことから、ハイテク産業が発達しています。

中東経済の基礎知識④

# 主要な中東の国ぐに③

## イラン

Islamic Republic of Iran

| 首都 | テヘラン |
|---|---|
| 人口 | 8,855万人 |
| 人口増加率 | 0.71% |
| 1人あたりGDP(名目) | 4,669米ドル |
| 天然資源レント率(対GDP比) | 30.45% |
| 日系企業数 | 22 |

## イラク

Republic of Iraq

| 首都 | バグダッド |
|---|---|
| 人口 | 4,449万人 |
| 人口増加率 | 2.19% |
| 1人あたりGDP(名目) | 5,937米ドル |
| 天然資源レント率(対GDP比) | 43.45% |

※外務省はイラクのほぼ全土に「退避勧告」「渡航中止勧告」を発しており、日本企業の進出がほぼ困難な状況となっている（2024年3月現在）

〈P12〜17　出典〉

人口、人口増加率、1人あたりGDP、天然資源レント率は*World Development Indicators*.

日系企業数は外務省『海外進出日系企業拠点数調査』2022年10月1日時点

※天然資源レント率(対GDP比)とは、石油、天然ガス、石炭などの天然資源や木材などの収入がGDPのどれくらいの割合を占めているかを示す数値

※天然資源レント率(対GDP比)の数値は2021年のもの、それ以外は2022年のもの

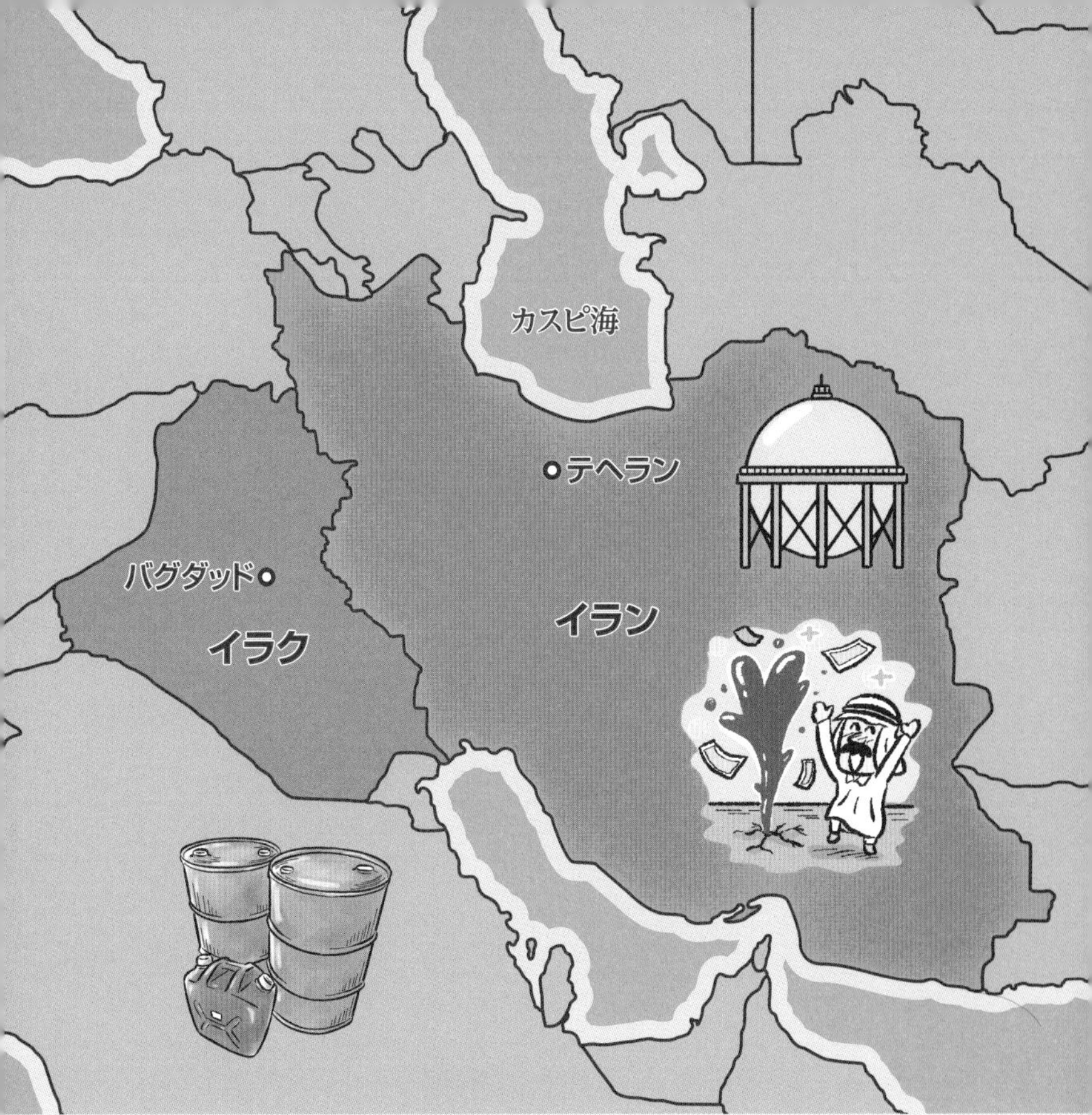


中東の石油開発は、20世紀はじめにイランとイラクから始まっています。
イランは、中東地域で最初に石油が発見された国です。1979年のイラン革命によりアメリカとの関係が悪化し、イラン・イラク戦争を経てイランの核開発問題により、2000年代以降、国際社会からなんども経済制裁を受けました。豊富な石油・ガス資源と人口、中東ではめずらしい製造業の基盤もあるものの、制裁の影響で経済成長が妨げられています。
イラクも、豊富な石油資源と人口をもつ国です。ただしサダム・フセイン政権下でイラン・イラク戦争、湾岸戦争と戦争をくり返したため、2003年にはアメリカ主導の武力攻撃を受けて、経済は疲弊した状態です。経済復興に向けてインフラ整備が求められていますが、治安回復が進まず戦後復興も遅れています。

中東経済の基礎知識⑤

# イスラム教の基本

世界人口の2割、約16億人が信仰するイスラム教は、世界三大宗教のひとつです。イスラム教の信者をムスリムと呼びます。イスラム教は中東のイメージが強いですが、ムスリムの6割はアジアにいます。もっとも多くのムスリムがいる国はインドネシアです。

イスラム教は一神教で、唯一神アッラーを信じます。偶像崇拝を禁じていて、絵画などでもアッラーを目にすることはありません。

ムスリムはイスラム教の教えに従って暮らし、「五行」という5つの行いをしなければならないことになっています。ムスリムと接する際には、

## 五行

**1. 信仰告白（シャハーダ）**
アッラーを信じ、イスラム教徒になることをモスクで告白する

**2. 礼拝（サラート）**
1日5回、モスクに行くか、メッカの方角を向いてお祈りをする。お祈りの前に手や足を水で清め、洗う

**3. 喜捨（ザカート）**
豊かな者は貧しい者に対して施しを与える。お金の寄付や、食べ物などを与えることもふくまれる。最近は、スマホのアプリ上でも寄付が可能

**4. 断食（サウム）**
1年に1回、太陰暦9月（ラマダン）に、太陽が出ているあいだは一切の飲食を行わない。水もNG。日が暮れてからの食事が豪勢になり、ラマダンの月は消費活動が活発になる

**5. 巡礼（ハッジ）**
一生にいちど、イスラム教の聖地メッカに巡礼に行くこと

## 服装

**女性** 顔と手以外、いかなる体の部分も露出してはならない

**男性** すねと膝のあいだをすべておおわなければいけない

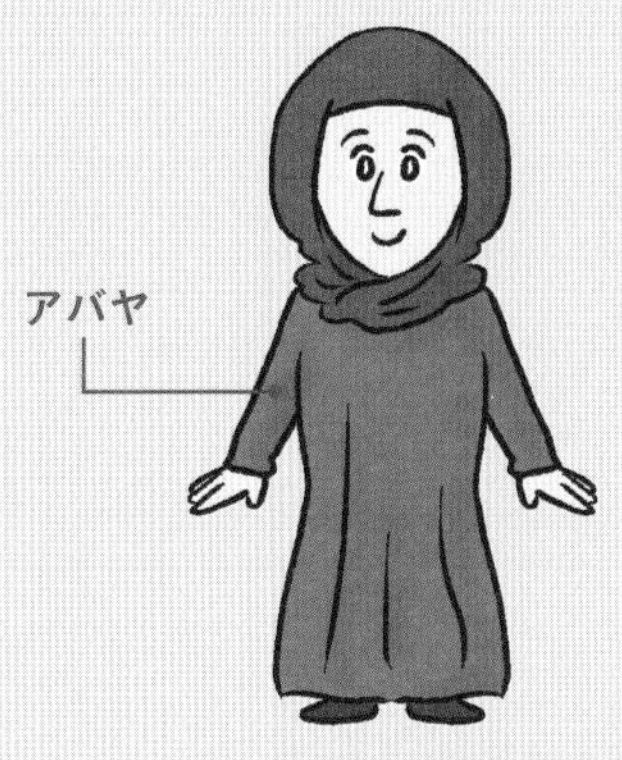


最近、若い人は顔を隠すことは少なくなってきた

この五行に対する配慮が求められます。たとえば、ムスリムは1日5回礼拝を行いますが、職場に礼拝場所を設けたり、勤務時間中も礼拝を認め賃金を支払ったりするなどの配慮です。

このほか、イスラム教の特徴として、食事では豚肉や飲酒が禁じられています。日本食が世界中で人気ですが、みりんを使った調理ができません。日本では飲食店において一般的なアルコール消毒も、煮沸消毒など別のやり方が求められます。

なお、イスラム教は商売を推奨する宗教です。コーランに商売推奨が書かれています。しかし、賭博やアルコール関連の商売は御法度です。

信仰心は人によりさまざまですが、日本とは大きく異なる生活に対して理解が必要です。

中東経済の基礎知識⑥

# アラブ人は空気を読める？

文化のちがいを理解することは、国際ビジネスの現場で相手の特徴を知るために重要です。

国際経営における異文化経営の文脈で、アメリカの文化人類学者エドワード・ホールによるコミュニケーション・スタイルのちがいを指摘した「コンテクスト」の考え方がよく取り上げられます。

コンテクストとはコミュニケーションを取り巻く情報であり、メッセージ伝達を助けるものとされています。

ホールは高コンテクスト文化と低コンテクスト文化に区分し、高コンテクスト文化は暗黙知

## 各国のコンテクスト度

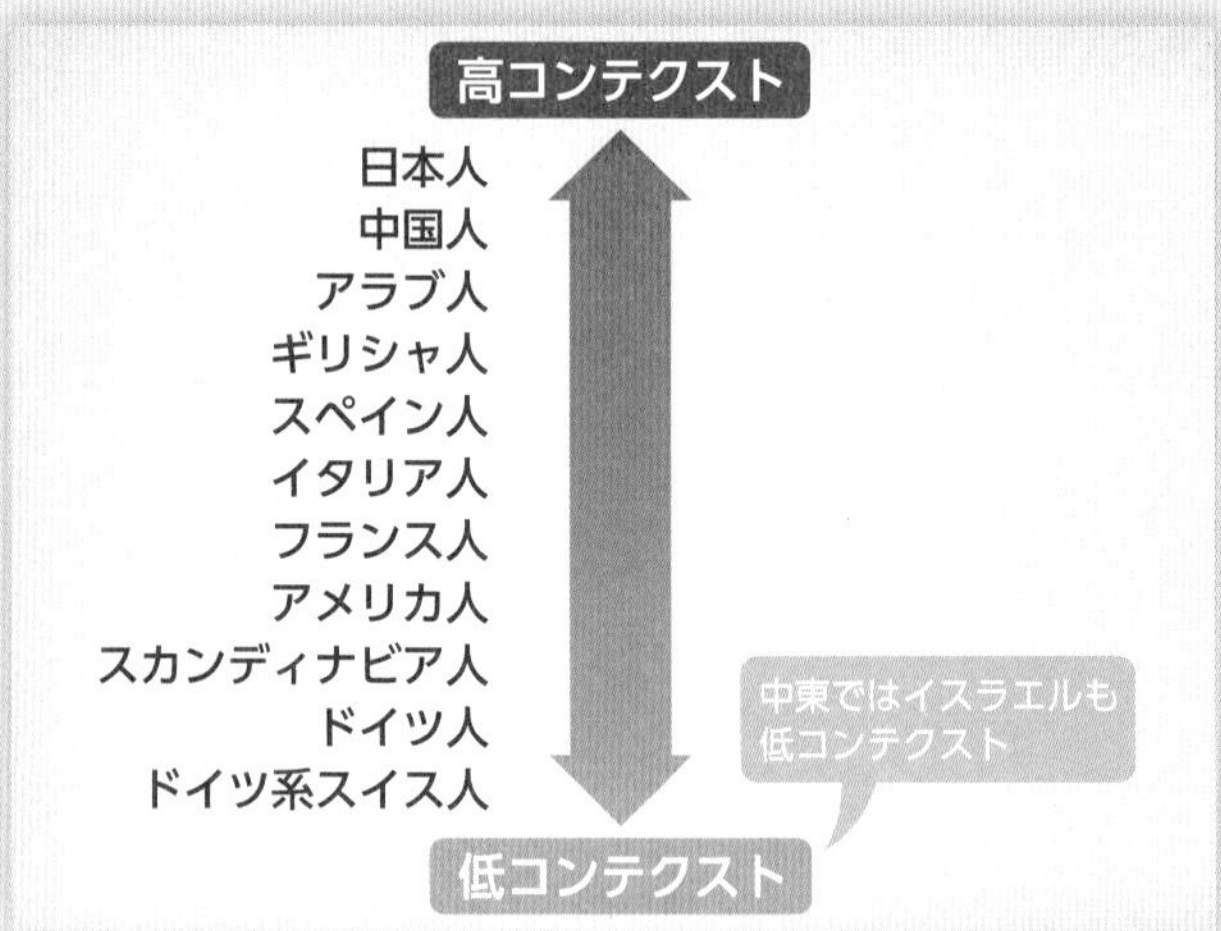

高コンテクスト

日本人
中国人
アラブ人
ギリシャ人
スペイン人
イタリア人
フランス人
アメリカ人
スカンディナビア人
ドイツ人
ドイツ系スイス人

低コンテクスト

中東ではイスラエルも低コンテクスト

出典：ゲリー・フェラーロ（江夏健一・太田正孝監訳）（1992）『異文化マネジメント』同文舘出版より作成

低コンテクスト（ドイツの場合）

高コンテクスト（日本の場合）

的で非言語コミュニケーションの果たす役割が大きい文化であるとしています。逆に低コンテクスト文化は、人びとのあいだに共通の社会文化的基盤が存在せず、言語による明確なコミュニケーションが必要な文化です。

図に示すように、日本人は高コンテクスト文化であるとホールは分類しています。中東の多くを占めるアラブ人も高コンテクスト文化です。

高コンテクスト文化は、日本語では「暗黙知」「空気を読む」「以心伝心」などの言葉に代表されるように、明確な言語による指示がなくても話が通じやすいとされます。

日本人ほどではありませんが、アラブ人も高コンテクスト文化ゆえ、日本人に比較的近いコミュニケーション・スタイルです。

# ホフステードの5次元モデル

世界各国で文化は異なります。それがどのように経営に影響するのかを分析した代表的な研究者にヘールト・ホフステードという、異文化経営の分野では必ず言及される人物がいます。

彼はオランダ人の心理学者で、世界70カ国に展開するIBM社の従業員を対象にアンケート調査を行い、世界の文化のちがい・特徴を5つの軸で評価して、度合いで分類しました。

その5つとは①権力格差、②不確実性回避、③個人主義、④男性度、⑤長期志向性です。以下、ホフステードは中東地域をどのように分類しているか、みていくことにします。

**ヘールト・ホフステード**
**(1928～2020)**

オランダ人心理学者。船の技術者としてインドネシアへ赴いた際、インドネシアとオランダの文化のちがいに衝撃を受け、膨大な研究データを用いて文化の測定を試みた第一人者となる。世界中の10万人におよぶIBM社員を調査対象とした価値観のデータをもとに著書『経営文化の国際比較』を1980年に出版した。また、一般向けの著書として『多文化世界』が1991年に出版されている。両書とも世界各国で翻訳され、また出版後の研究成果を取り入れた改訂版が出ている。

## ❶権力格差

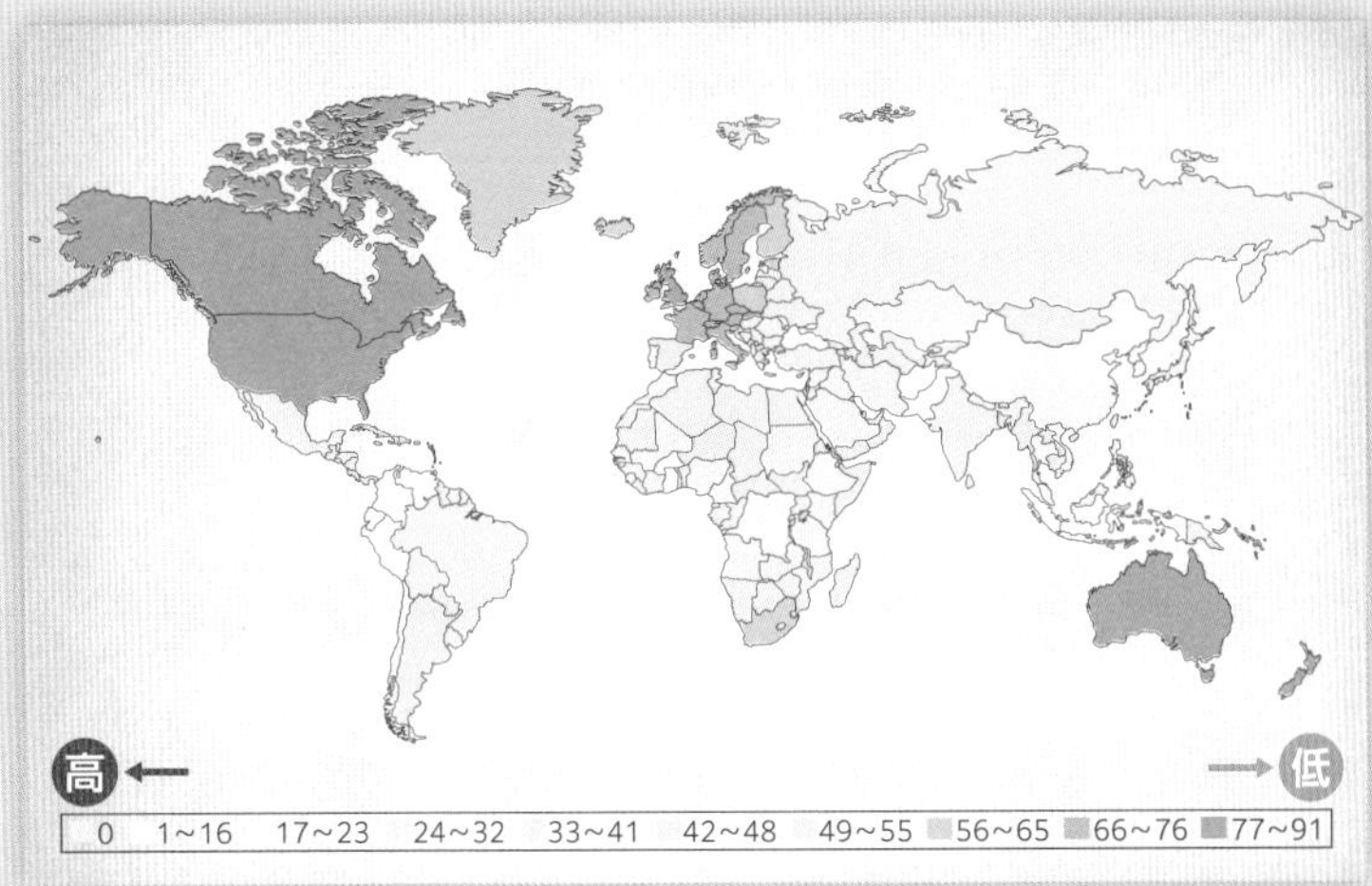


権力格差とは、組織集団のなかで権力格差を受け入れる度合いのことを表します。組織内での上下関係が強いのか、弱いのかを意味しています。

権力格差が高い国では、上の立場の命令を無条件で受け入れる傾向が強くなります。日本は上下関係が強いように思われがちですが、世界的にみると平均的です。

中東諸国は、とりわけアラブ諸国は権力格差の度合いは高い地域になります。アラブ諸国の人たちと仕事をする場合には、こうした上下関係を強く意識する人たちであり、たとえば「私は上司、あなたは部下」という立場関係をしっかりと認識させると、物事がスムーズに進みがちといえます。

## ❷個人主義と集団主義

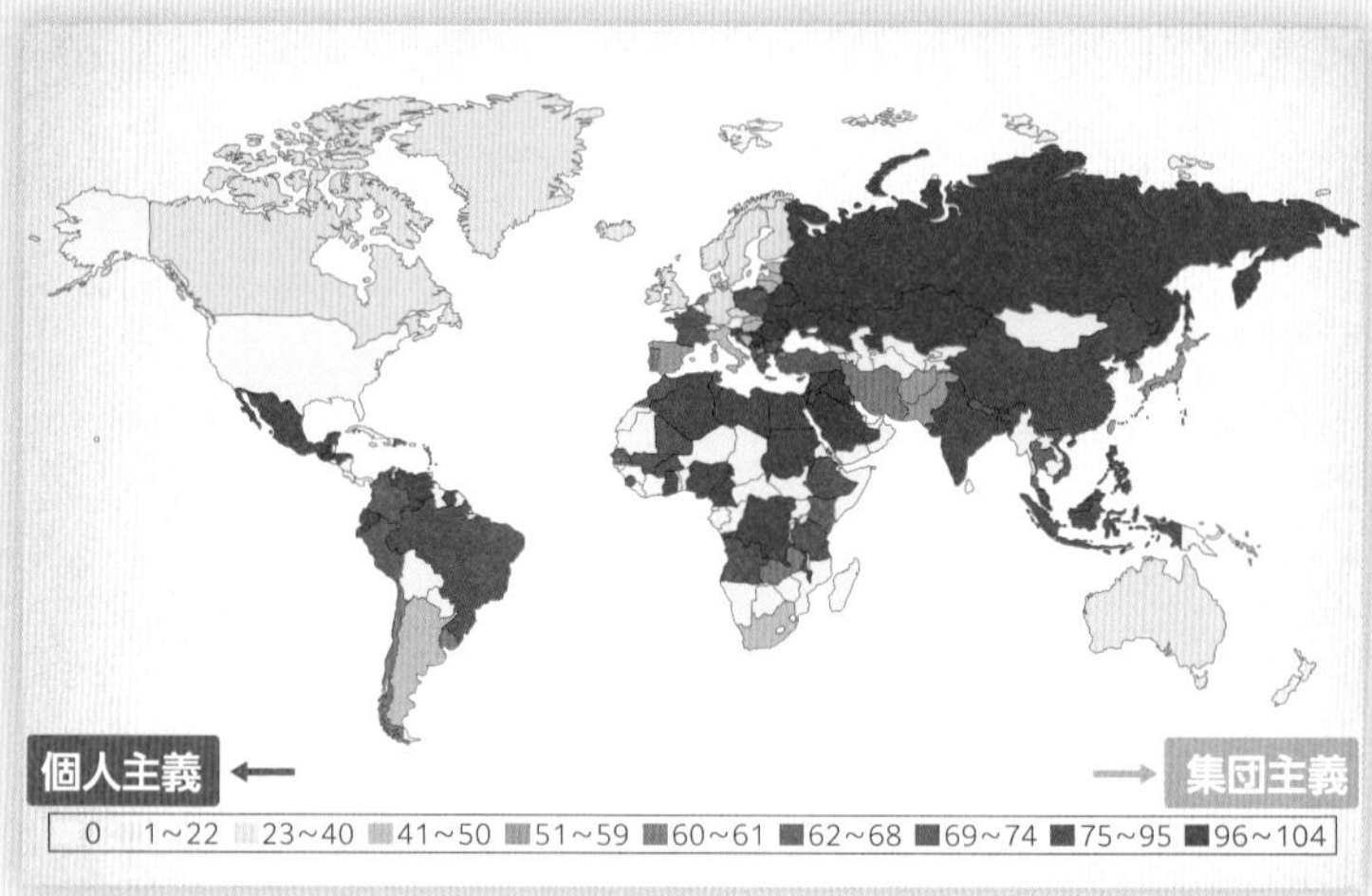


個人主義は文字どおり、自分自身や家族のことを優先的に考える度合いのことです。

反対が集団主義になり、人びとが集団や共同体に属し、忠誠心と引き換えにたがいに助けあう傾向が強いことを示します。

個人主義的な傾向は国の豊かさと正の相関があるとされ、国が経済的に豊かになると個人主義の度合いが増すとホフステードは指摘しています。

日本は集団主義的に捉えられがちですが、世界的にみると真ん中くらい（やや個人主義寄り）です。

アラブ諸国やトルコ、イランは日本よりは集団主義寄りのスコアになっていますが、極端な集団主義というわけではありません。

# ❸男性度と女性度

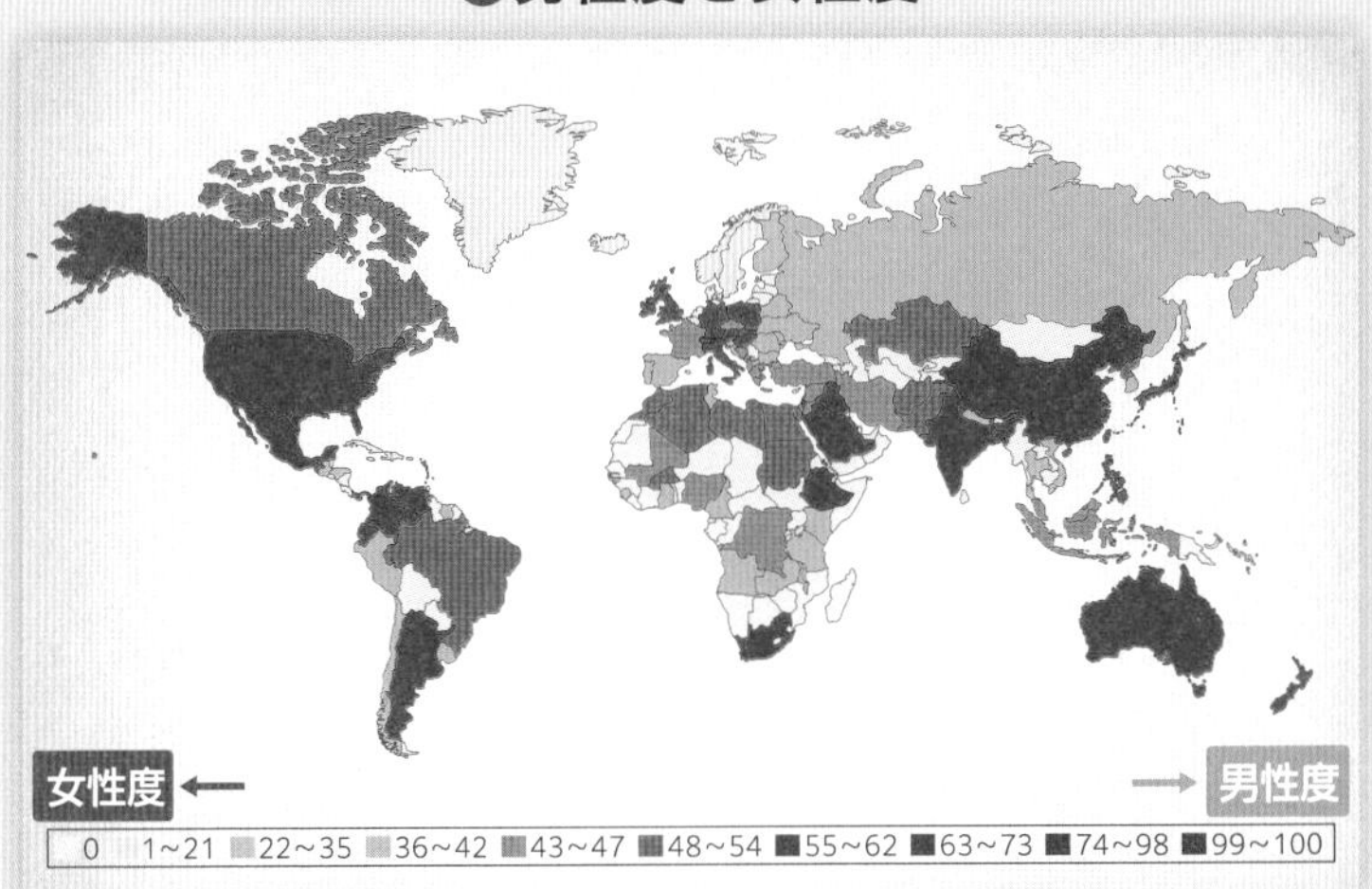


男性度（masculinity）は、社会における支配的な価値観がお金やモノである度合いのことで、反対が女性度で支配的な価値観が生活の質や他者への思いやりになります。われわれが普段使っている意味とは異なります。

男性度が高い社会では、「カネ」がとにかく重要で、人は稼ぎや名声、昇進などの職業上の達成に価値を見出します。

日本は世界でトップクラスに男性度が高くなっています。逆に、北欧諸国は女性度が高くなっています。

中東のアラブ諸国やイラン、トルコ、イスラエルなどはそこまで男性度が高いわけではありませんが、北欧のように女性度が高いわけでもなく、世界的にみると平均的な地域になります。

## ❹不確実性の回避

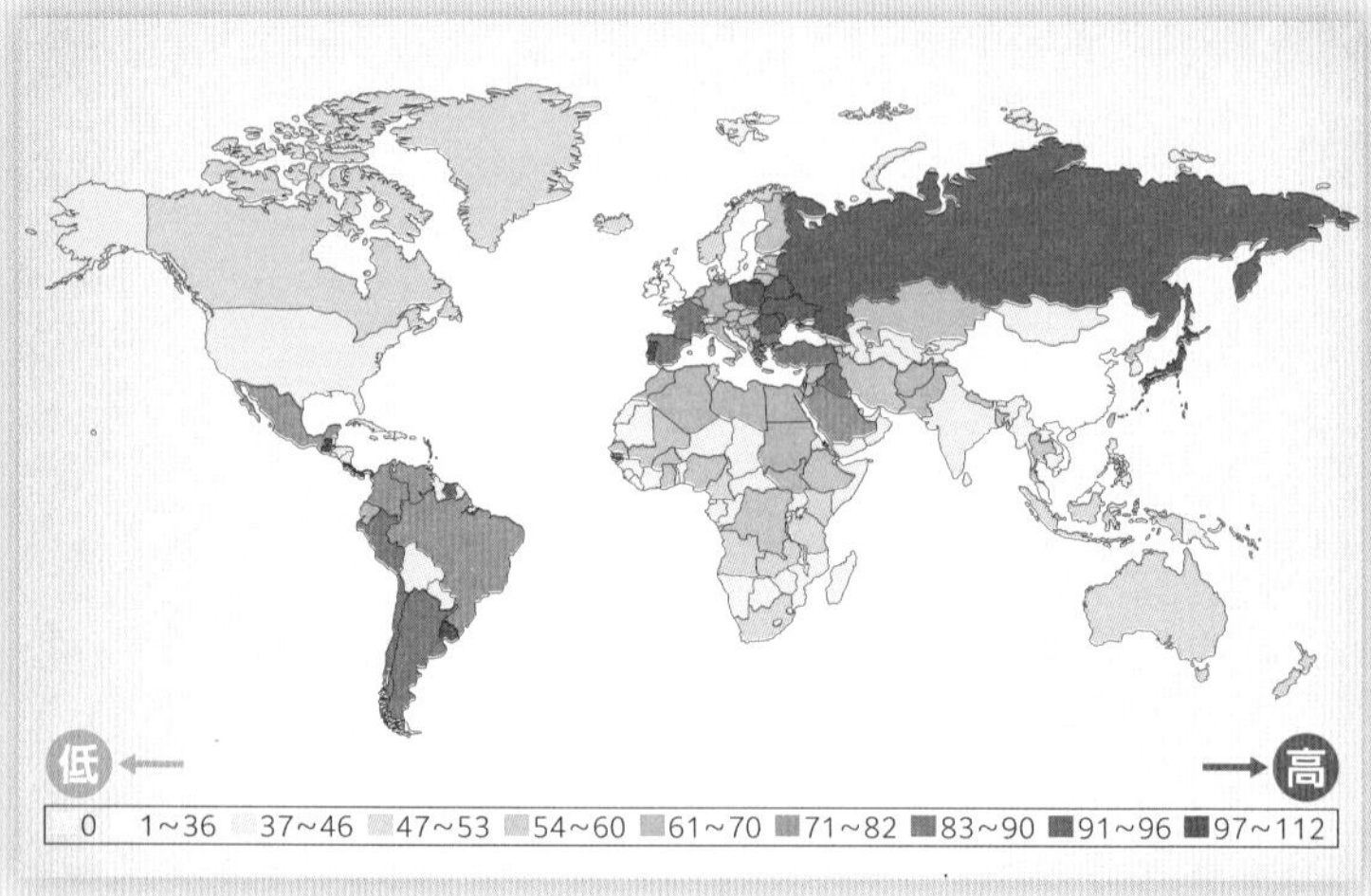


不確実性の回避は、人びとがあいまいな状況におちいることを恐れ、それを回避するための信条や制度をつくる度合いを指します。

日本は不確実性の回避の度合いが高い国のひとつです。逆に北欧諸国やアメリカは度合いが低い国になります。

この度合いが高いと、ルールに基づく行動が要求され、組織行動が構造化される傾向があります。チャレンジしたがらず、リスク回避的な行動をとりがちになります。また分権化が進まず、労働者の流動性が低いとされます。

中東の場合、アラブ諸国とイランもやや高めですが、トルコやイスラエルは不確実性の回避の度合いが高くなっています。いわば、チャレンジしない人たちということになります。

## ❺長期志向性

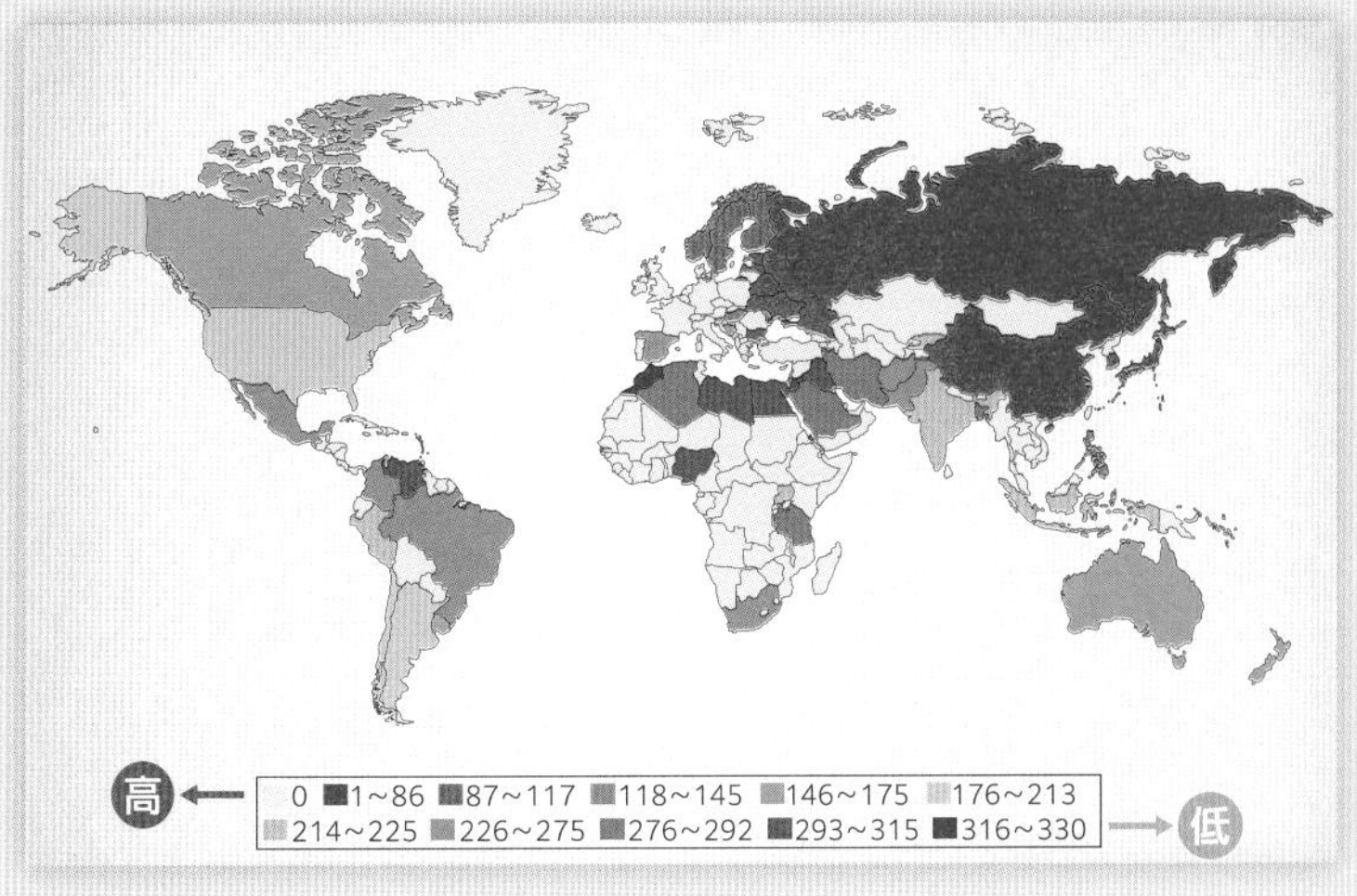


長期志向性は、物事に対する結果を気長に待てるかどうかの指標です。儒教の考え方をベースにしているだけあって、日本など東アジア諸国では物事を気長に待つことができる傾向があります。しかし、中東諸国は概して「待てない」人たちということになります。

日本企業と中東企業がいっしょに工場を運営するとします。新しく工場を建設し、利益が生まれるようになるまで、しばらく時間がかかります。日本人はこれを待てるのですが、中東の人たちは待てずに、工場が完成したらすぐに黒字になったり儲かったりすると考え、「まだ儲からないのか?」と催促されがちです。

こうした考え方のちがいは、あらかじめ理解しておく必要があります。

中東経済こぼれ話①

# 中東ビジネスの要諦

ヘールト・ホフステードの分類では、中東はロシアや中国と同様に権力格差が大きく、集団主義寄りで社会ネットワークが重要視される社会です。

そのような社会では「誰とビジネスを行うか」が重要になります。言語はその社会のありようを反映します。アラビア語に知っている人という意の「ワスタ」という言葉があります。中国語に「グワシン」という言葉があり、ワスタと同じような意味合いをもっています（関係などと訳されます）。

こうした言葉の存在があるように、アラブ社会や中国社会では、日本以上に「コネ」が重要な意味をもちます。ビジネスを進めるためにはコネが必要になり、コネクションづくりが肝要になります。楽器ケースに隠れて国外逃亡したレバノン国籍ももつ某自動車会社経営者がいましたが、アラビア半島のある国の代理店を営む知人に会社の金を送金した背任容疑でも起訴されており、ワスタがらみの事件でした。

また、アラブ地域の意思決定はトップダウン型が多くみられます。日本の集団的意思決定型とは大きく異なります。得てしてトップダウン型からは、集団的意思決定はスピードが遅いと受け取られがちです。

こうしたスタイルのちがいも念頭に置く必要があるでしょう。

Part. 1

# 石油産業の歴史としくみ

Part.1

# 石油産業の構造：上流と下流

石油が採掘されて消費者に届くまで、イラストのような流れをたどります。

上流部門のおもな仕事は、石油を探して生産することです。とくに石油を探す「探鉱」には莫大な費用と時間がかかるうえ、実際に発見される確率は極めて低く、「博打」といっても過言ではありません。実際に石油を発見したとしても生産（操業）にたどりつかない場合もあります。この部門は資源を有する政府との交渉事となるため、手がけることができる企業が限られます。ただし、強力なライバル企業の数が少なく、多額のコストがかかるかわりに利益率が高くなります。

逆に、消費者に近い下流部門は手がける企業の数が格段に多くなり、薄利多売の状態になるため、利益率が低いのが特徴です。

エクソンモービルなどは「石油メジャー」と呼ばれています。メジャーの特徴は、一社で上流と下流の一貫操業をしているところにあります。世界のおもな産油国ではサウジアラビアのサウジ・アラムコ（以下アラムコ）に代表されるように、国営石油会社が利益率の高い上流部門（一部は下流も）を独占的に手がけています。

日本の石油会社のビジネスは下流部門が中心で、かつては政策的に中小石油会社を多く存在させてきた経緯があり、メジャーに対抗することは難しいのが現状です。

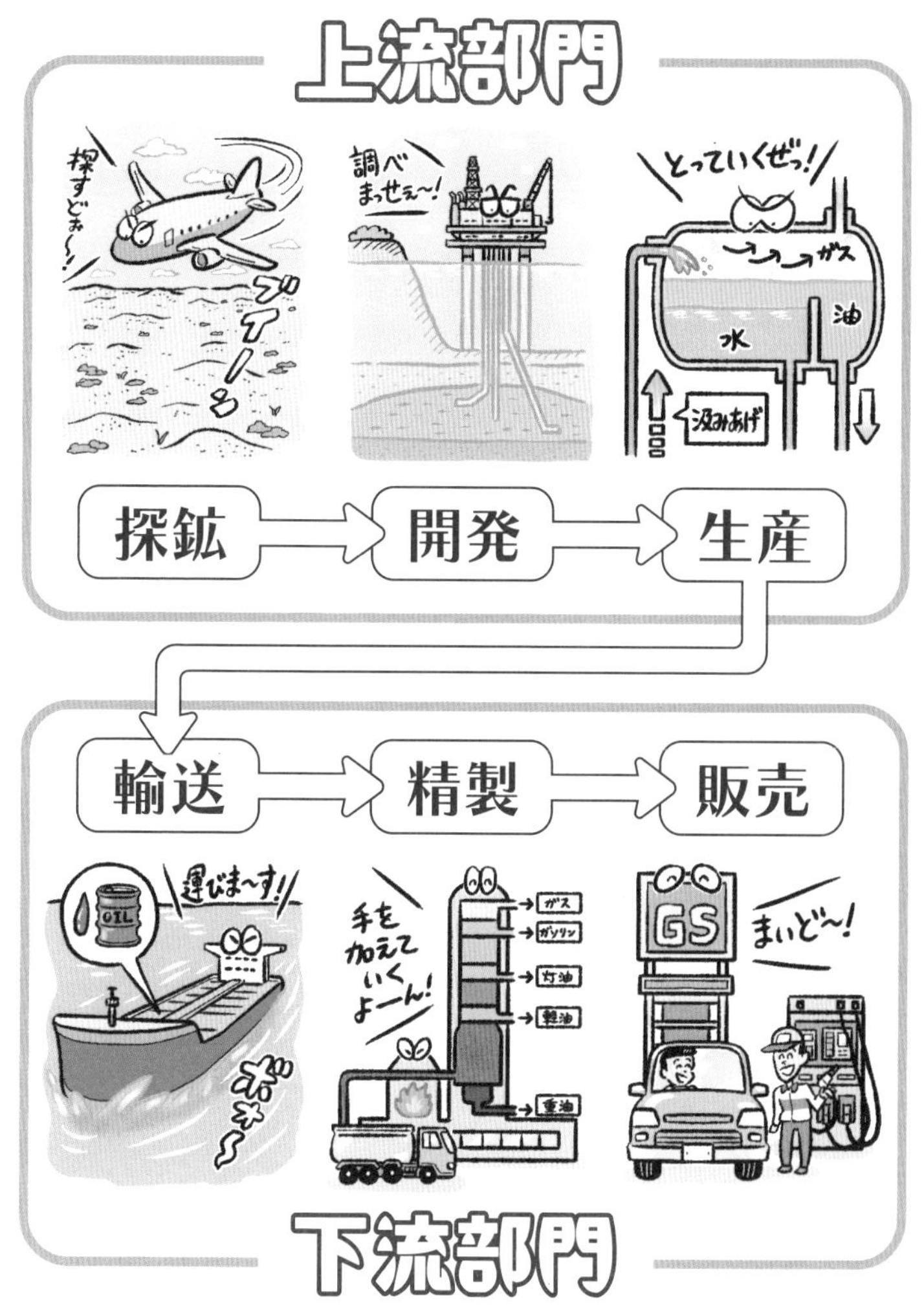


上流部門は利益率が高い。世界でも生産コストが低いとされるサウジアラビアの油田の場合、1バレルの石油を採掘するコストは数ドル〜10ドル程度ではないかといわれている。これが現状（2024年4月）では90ドル近い価格で取引されるため、販売側の利益は大きくなる。なお、日本やドイツの石油会社は下流部門が事業の中心のため、石油メジャーが存在しない。

Part.1

# 世界的大企業サウジ・アラムコ

国営石油会社のなかで、もっとも世界の石油市場に影響力をもち、そして世界的な大企業にもなっているのが、アラムコです。

もともとサウジアラビアの石油はアメリカの複数のメジャーによる「アラビアン・アメリカン・オイル・カンパニー」が支配していましたが、1970年代に同社はサウジアラビア政府によって国有化され、1988年に政府が株式100%を保有する国営石油会社に改組されています。

長らく非上場企業だったため、その実態が明らかにされてきませんでしたが、2019年12月にサウジ証券取引所で発行済株

## 株式時価総額トップ10社(2023年12月末時点)

| 順位 | 企業名 | 国名 | 時価総額(兆ドル) |
|---|---|---|---|
| 1位 | アップル | アメリカ | 2.994 |
| 2位 | マイクロソフト | アメリカ | 2.795 |
| 3位 | サウジ·アラムコ | サウジアラビア | 2.133 |
| 4位 | アルファベット(Google) | アメリカ | 1.755 |
| 5位 | アマゾン | アメリカ | 1.575 |
| 6位 | エヌビディア | アメリカ | 1.223 |
| 7位 | メタ | アメリカ | 0.91 |
| 8位 | テスラ | アメリカ | 0.79 |
| 9位 | バークシャー·ハサウェイ | アメリカ | 0.777 |
| 10位 | イーライリリー | アメリカ | 0.553 |

式の1・5％が新規株式公開（IPO）され、上場にあたり業績などが公表されるようになりました。現在も筆頭株主はサウジアラビア政府で、2024年3月末時点で約82％の株式を保有しています。図のように、世界の株式時価総額第3位（2023年12月末時点）の大企業で、首位アップルを上回ったときもあります。

2017年にムハンマド・ビン・サルマーン皇太子が就任し、「ビジョン2030」を掲げて石油に依存しない投資国家をめざす取り組みを行っています。そこにアラムコの上場について直接明記されていませんが、上場によって得た資金でめざすべき投資の原資としたいようです。しかし、残された課題も多く、今後の動向が注目されます。

# 「後出しジャンケン」で石油を買う日本

第二次世界大戦後、メジャーが中東地域の石油を支配し、価格決定権を握っていました。1960年代末までは、メジャーが公示する価格で石油が取引されており、中東側に価格を決定する権限はありませんでした。この時期、石油価格は安価に設定されていたため、西側諸国は安い石油を大量に使用することによって高度経済成長を遂げました。しかし、1970年代には産油国で資源ナショナリズム（自国資源の決定権を自国に取り戻す動き）により、石油および石油会社の国有化とともに、産油国側が価格を決定することになりました。

**Ⓐ 石油の三大取引市場とマーカー原油**

| | 取引所 | マーカー原油 |
|---|---|---|
| 北米 | NYMEX | WTI |
| 欧州 | ICE Futures Europe | ブレント |
| アジア | 東京商品取引所 | ドバイ、オマーン |

2021年4月、WTIの先物価格がはじめて「マイナス」になるという珍事があった。コロナ禍のロックダウンにより移動が減ると石油の在庫が積み上がり、保管場所が足りなくなるとの懸念から「売るほうがお金を払って石油を買ってもらう（実際はそうならないが）」事態になった。

１９８０年代以降は「市場」で価格が決定されるようになります。石油は経済活動に欠かせない重要な資源のため、さまざまな要因で価格が変動しています。

日本の場合、ダイレクト・ディール（ＤＤ）取引が８割を占めます。産油国がメジャーをとおさずに直接消費国の石油会社に販売する取引形態で、多くは１年の長期契約が結ばれます。毎月の取引価格は、一般の感覚からすると不思議な取引がされます。

通常、中東から日本への輸送日数は20日ほどです。たとえば、月はじめの１日にサウジアラビアを出港したタンカーは日本に20日ごろ到着しますが、このとき、積荷の石油はまだ価格が決定していない状態で届きます。価格は翌月、決まります。

**Ⓑ DD原油の価格**（アラムコの例、油種ごと）

2月のDD原油価格は調整金が1月上旬に示され、価格が3月上旬に示されて、価格が決定されることになる。調整金はサウジアラビアが世界の石油需要をどのように予測しているのかを示すもので、注目される。

Part.1

# 大きくなりすぎたスタンダード石油

**ジョン・ロックフェラー**
(1838〜1937)
ニューヨーク生まれの実業家。貧困から身を起こし、1862年に石油事業に進出し、1872年にスタンダード石油会社を設立。1882年に会社経営にトラスト方式を案出して石油業界の支配者となり、1911年に引退。その後、慈善事業に専念し、ロックフェラー財団、シカゴ大学、ロックフェラー医学研究所を創設した。

中東の石油を語るうえで欠かせないのが、アメリカの石油会社の歴史です。

アメリカの石油産業は、19世紀なかば以降に盛んになりました。1863年、ジョン・ロックフェラーが石油精製業を開始します。1870年には石油会社であるスタンダード石油を設立し、全米の製油所を統合するためにパイプラインや石油生産会社の買収を行い、事業を拡大しました。

1895年にはスタンダード石油が一方的に価格を決定する公示価格を導入し、高価格を維持して新規油田の開発を行います。スタンダード石油はアメリカ国内の石油を

独占する企業に成長し、それを懸念した連邦議会が企業による市場独占を禁止する法律（シャーマン法など）を成立させます。そして1911年、連邦裁判所は市場シェアと影響力が大きくなりすぎたスタンダード石油に、企業の分割を命じたのです。

こうして、スタンダード石油は34の会社に分割されます。1917年、そのなかの1社であるスタンダード・オイル・オブ・ニュージャージー（のちのエクソン）は、成長のために石油生産の海外展開を宣言します。大きな油田が発見されていた現在のイラン、イラクへの進出を目論んでいました。

しかし、すでに両国には欧州勢が進出していて、アメリカ企業が入り込む余地はありませんでした。

Part.1

# イランからはじまる中東の石油産業

19世紀前半のバクー油田(アゼルバイジャン)の開発以降、黒海沿岸が世界的な大油田地域となりました。ここで石油の欧州への輸出に関わった企業が、メジャーのひとつロイヤル・ダッチ・シェル(2022年にオランダからイギリスへ本拠地を移し、シェルに名称変更)です。

現在の中東地域で、最初に油田開発が行われたのはイランでした。1908年にイギリス人ウィリアム・ダーシーがイランで油田を発見すると、翌年アングロ・ペルシア・オイル・カンパニー(APOCはメジャーのひとつ、BPの前身)を設立します。

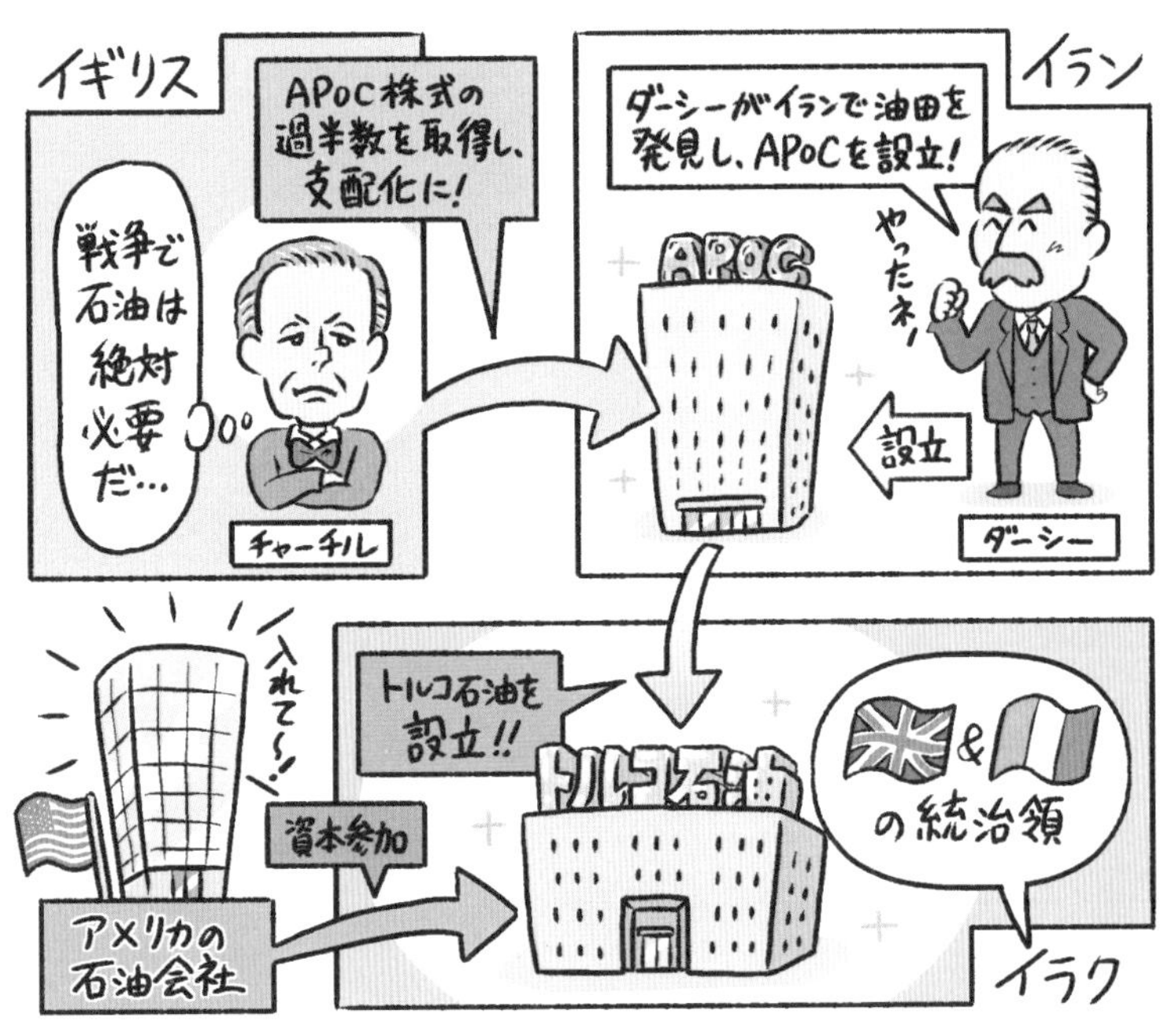


第一次世界大戦期、当時のイギリス陸軍大臣ウィンストン・チャーチルは、戦争における石油の重要性を認識していました。その後、イギリス政府がAPOCの株式の過半数を取得し、イランの石油はイギリスの支配下に置かれます。

現在のイラクは、かつてオスマン帝国の領土でした。第一次世界大戦で同盟国側だったオスマン帝国は敗戦し、イギリスとフランスが支配することになります（委任統治領）。ここにAPOCが中心となってトルコ石油が設立され、1920年代にはアメリカの石油会社の参入も認めることにしました。そして1927年にキルクーク油田が発見されると、イラクで石油産業が興り、アメリカもここに入り込もうとします。

Part.1

# 我々以外は仲間に入れぬ：赤線協定

第一次世界大戦では、軍用艦の燃料が石炭から石油へ変わりました。当時のイギリスは産炭国であり、石油を外国から調達する必要があったため、ウィンストン・チャーチルが主導してイランでの石油支配を固めていきます。また、フランスもトルコ石油を通じてイラクにおける支配を行いたいと考えていました。

トルコ石油には、フランスのフランス石油と、のちにエクソンとモービルになるアメリカの会社がグループで参加していましたが、1928年からは英仏蘭米の4カ国企業の合弁企業となり、のちに改称してイラク石油となります。

同年、現在のイラクを中心とした旧トルコ領アラブにおいて、英仏蘭米の企業で石油開発を独占し、ひとつの石油会社が単独で石油開発を行うことを禁止する協定が結ばれました。地図上で単独開発禁止の範囲を赤線で囲んだため、「赤線協定」と呼ばれています。アメリカは中東の石油利権を獲得するため、やっとのことでトルコ石油に参加しましたが、赤線協定によって独占できなくなりました。

第一次世界大戦後、安全保障のためには石油の確保が重要であると各国が認識します。日本は石油を求めて東南アジアに進出したものの、うまくいかず、これが太平洋戦争の要因となったことからもその重要性は理解できるでしょう。

## 赤線協定の範囲

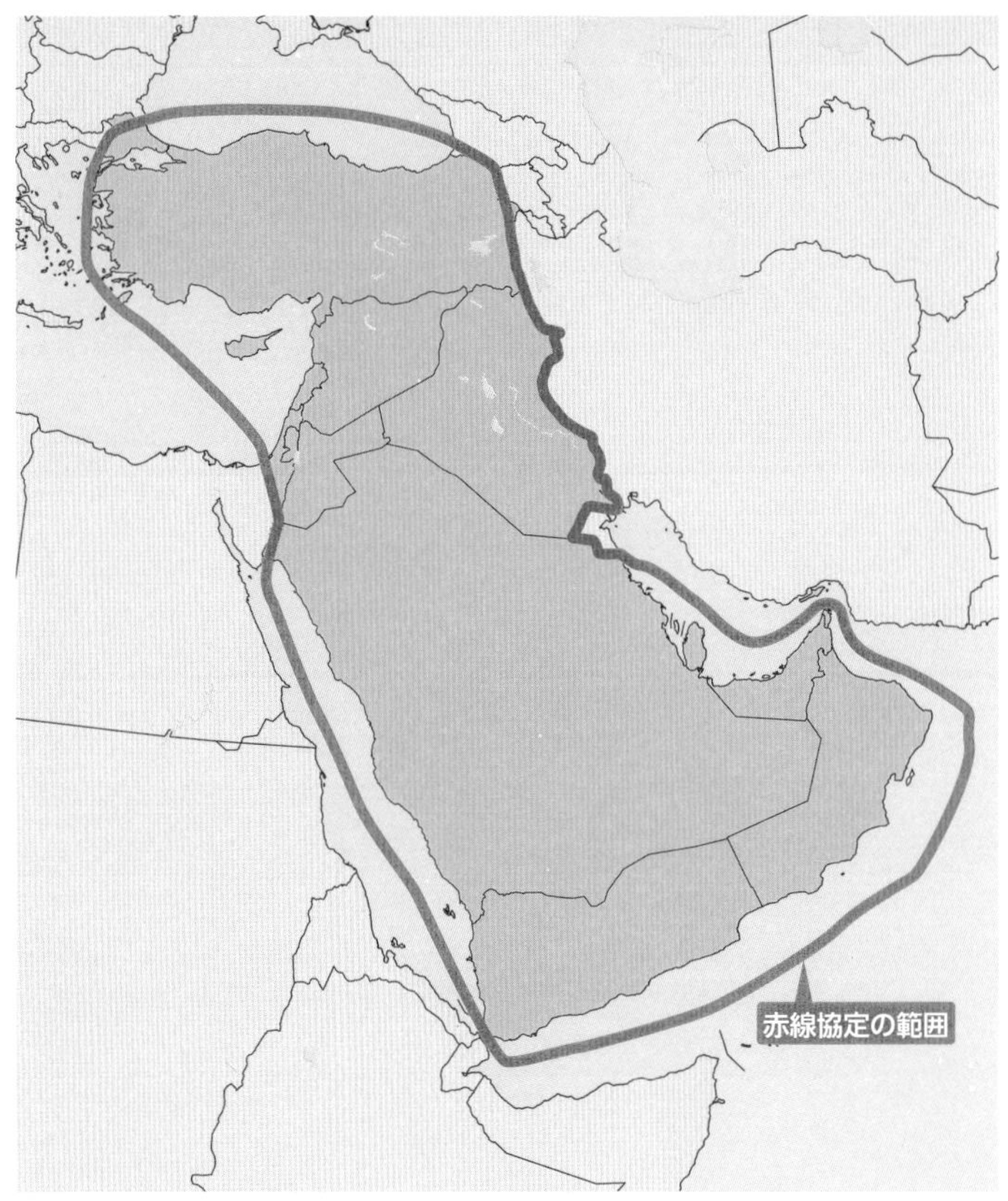


第一次世界大戦後の石油の供給過剰に対応すべく、のちにエクソン、BP、シェルとなる石油会社はアメリカ以外の市場シェアを現状維持する「アクナキャリー協定」を1928年に結んだ。同年、赤線協定も締結されており、赤線の領域内では参加する4カ国の石油会社が単独で石油を開発することができない内容だった。これは単なる企業間の取り決めではなく、各国政府も認めたものであった。こうして、石油カルテルが形成されるとともに、中東石油が欧米に「支配」されることになった。

Part.1

# アラビア半島での石油発見

アラビア半島は重要な植民地であるインドとの航路上にあるため、本来であればイギリスが植民地としてもおかしくない地域でした。実際、スエズ運河はイギリスが支配していました。しかし、砂漠ばかりで目立った産業が存在しなかったため、植民地経営を行うと逆に高くつくと判断したイギリスはアラビア半島を「保護領」としていました。

「アラビア半島では石油が出ない」という考えが一般的で、ゆえにイギリスも重要視していませんでした。そのため、利権料（石油収入をイメージしてください）がほしかった首長（王様）と、石油利権を求めて勢力拡大したいアメリカの意向が合致しやすく、アメリカのスタンダード・オイル・オブ・カリフォルニア（ソーカル、のちのシェブロン）は1930年にバーレーンと利権を締結しました。

バーレーンで1932年に石油が発見されたため、海を挟んですぐ隣にあるサウジアラビアでも、地層がつながっているため石油がみつかる可能性が高まりました。

なおこの年、アラビア半島の部族をまとめたイブン・サウードがサウジアラビア王国を建国しています。新しい国の発展のために資金が必要だったサウジアラビアと、石油を求めるアメリカとの意向はここでも合致しました。

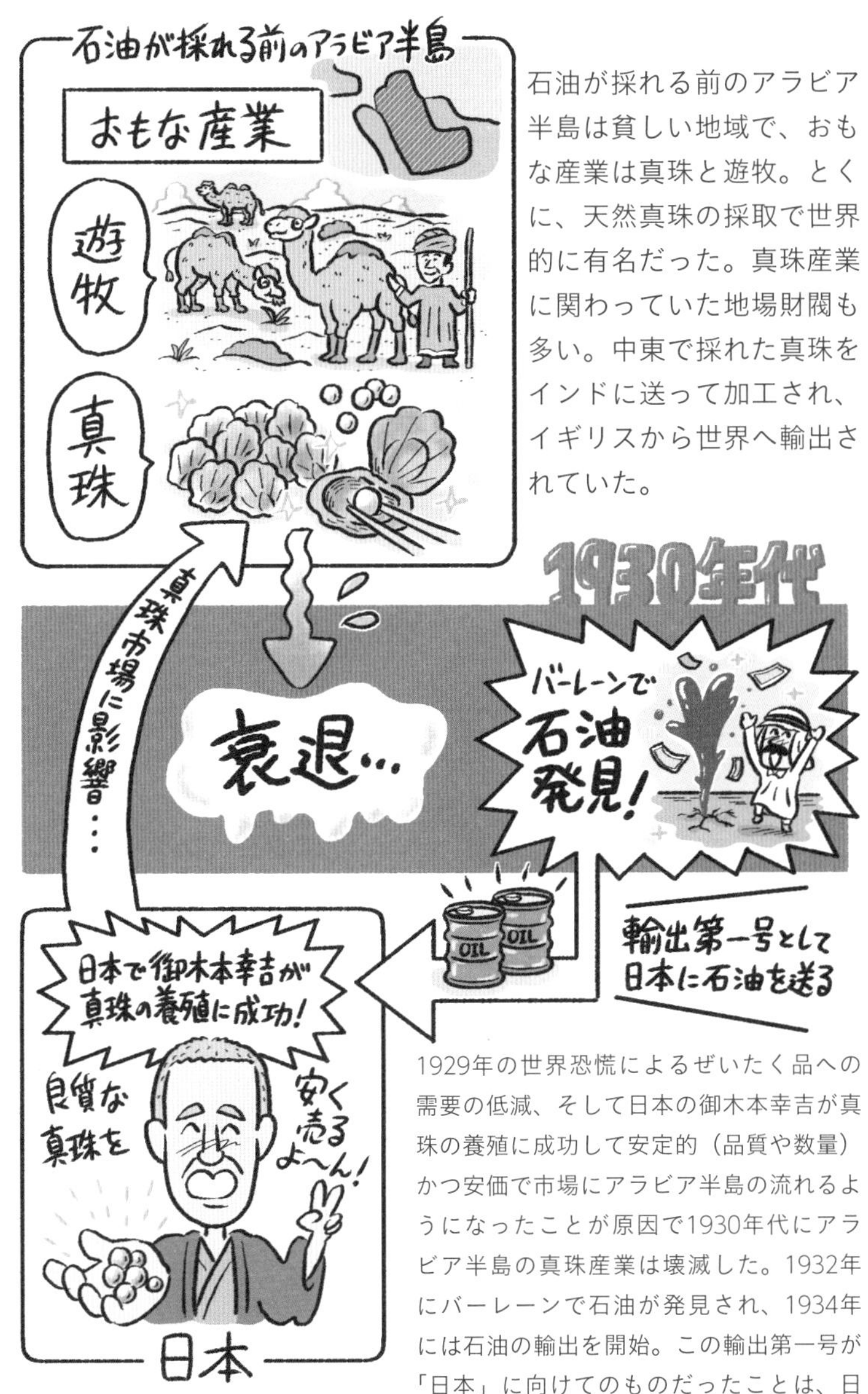


石油が採れる前のアラビア半島は貧しい地域で、おもな産業は真珠と遊牧。とくに、天然真珠の採取で世界的に有名だった。真珠産業に関わっていた地場財閥も多い。中東で採れた真珠をインドに送って加工され、イギリスから世界へ輸出されていた。

1929年の世界恐慌によるぜいたく品への需要の低減、そして日本の御木本幸吉が真珠の養殖に成功して安定的（品質や数量）かつ安価で市場にアラビア半島の流れるようになったことが原因で1930年代にアラビア半島の真珠産業は壊滅した。1932年にバーレーンで石油が発見され、1934年には石油の輸出を開始。この輸出第一号が「日本」に向けてのものだったことは、日本と中東との関係を考えるうえで重要だ。

# サウジアラビアで世界最大の油田発見

アメリカはサウジアラビアでも石油が発見されると考えてイブン・サウードと交渉し、1933年にソーカルが利権を獲得します。イギリス、フランスもサウードと交渉を行います。しかし、彼は英仏に不信感をもっていました。加えて、もしサウジアラビアで新規に大量の石油が発見されるとAPOCやイラク石油の競争相手になりうると考え、英仏は積極的に交渉しませんでした。結局、ソーカルが利権料について好条件を提示したこともあり、アメリカが利権を得ます。

1936年、ソーカルとテキサスが共同

**Ⓐ 湾岸諸国における石油発見・生産開始年**

| 国名 | 利権協定締結年 | 発見 | 生産開始 |
|---|---|---|---|
| イラン | 1901 | 1908 | 1912 |
| イラク | 1925 | 1927 | 1934 |
| バーレーン | 1930 | 1932 | 1934 |
| サウジアラビア | 1933 | 1938 | 1939 |
| クウェート | 1934 | 1938 | 1946 |
| カタール | 1935 | 1939 | 1949 |
| アブダビ | 1939 | 1960 | 1963 |
| | 1953 | 1958 | 1962 |
| ドバイ | 1937 | 1966 | 1969 |
| オマーン | 1937 | 1965 | 1967 |

アブダビは上段が陸上油田の利権、下段が海上油田の利権。それぞれ別の企業グループに対して利権を与えている。

出資でカルテックス（1944年、アラムコに改称）を設立します。そして1938年にダーラン油田を発見し、翌年カルテックスは全域の利権を獲得しました。1948年、世界最大のガワール油田が発見されます。同年、アラムコにアメリカの石油会社2社が参入し、アメリカの4社で運営していくことになりました。

第二次世界大戦で石油の重要性がより一層高まり、これを見抜いていたアメリカは、石油を通じてサウジアラビアとの「特殊な関係」を構築し、戦後の世界経済をリードすることができたのです。

サウジアラビア以外でもUAEやカタール、クウェートなどが利権を締結し、第二次世界大戦後に生産を本格化させます。

## Ⓑ 石油価格の推移(1861〜1948年)

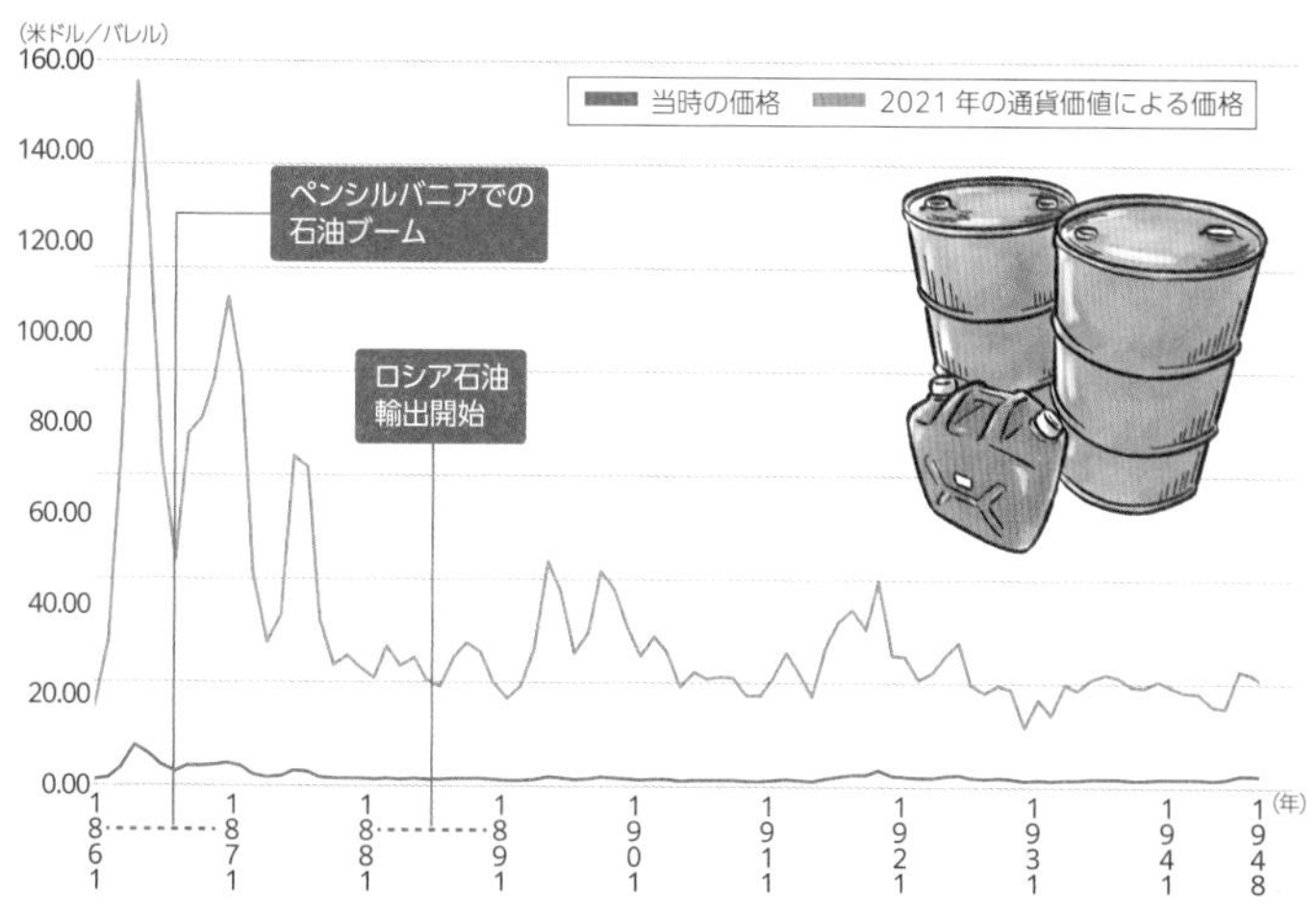


出典：Energy Institute(2023)Statistical Review of World Energy.

# メジャーが支配する中東の石油

第二次世界大戦後の1948年に赤線協定が廃止され、中東の石油は米英の石油会社7社による共同支配体制下に置かれることになります。

中東の石油利権は、メジャー7社（とトルコ石油の名残で現在の仏トタル）のみが結ぶことができました。この7社はセブン・シスターズ（7人の魔女たち）と呼ばれ、世界の石油産業を支配した企業です。7社でカルテルを結ぶことによって、メジャーは絶大な力を誇示しました。

1950年代前半に起きたイランの石油国有化騒動の際には、イランの首相モハン

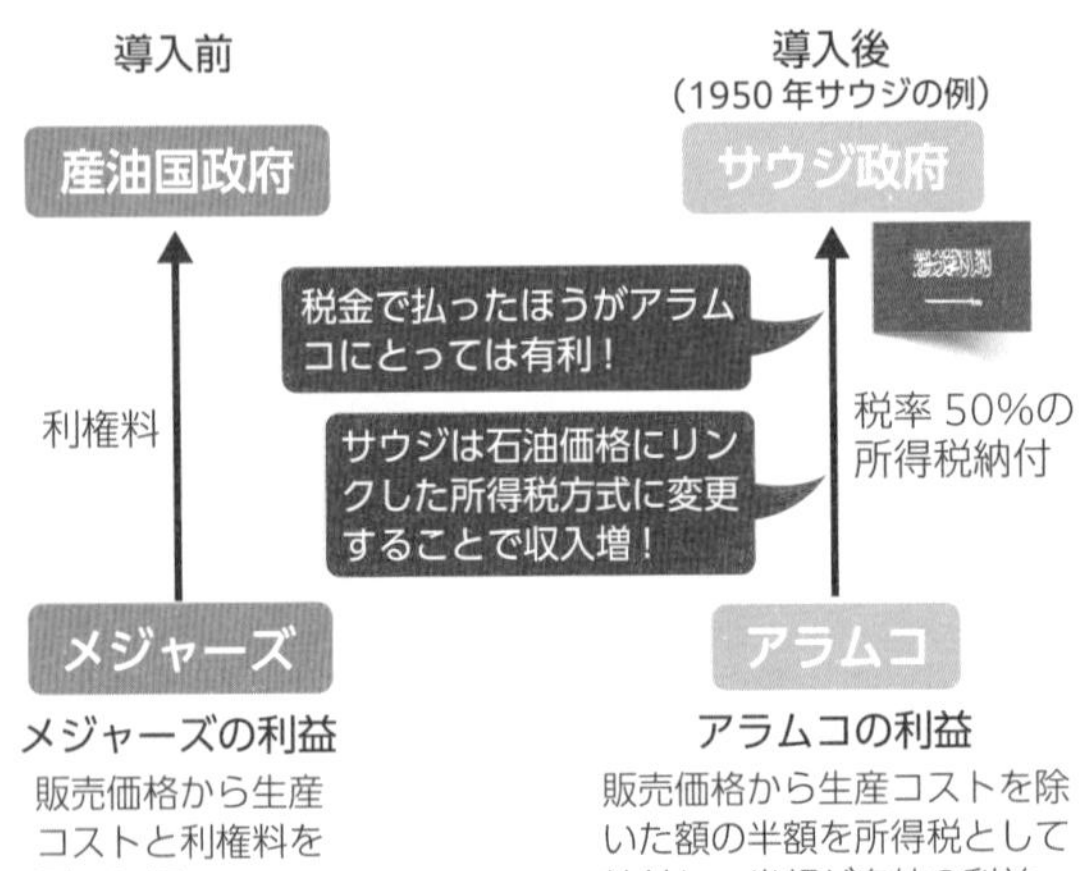


この方式だとアメリカ政府の税収は減るが、サウジアラビアを自陣営につなぎとめるため、議会の承認なしで決定された。

マド・モサデグを失脚させるなど、政治に対してもその力をみせつけます。

1950年代に利益折半方式が導入されたことで、中東産油国とメジャーの関係に変化があらわれます。これまで石油会社は産油国に利権料を支払っていましたが、石油会社の利益の半額を産油国に所得税として納めることになりました。

中東では1950年のサウジアラビアから、この方式が各国に広がっていきました。

サウジアラビアが利権料の増額をアラムコに要求した際、サウジアラビア側に支払いを増額するのであれば利権料ではなく税金として支払ったほうが、アメリカの二重課税防止規程を用いることができ、石油会社にとっては有利になります。

# メジャーに暗雲立ちこめる60年代

世界経済が成長を続けた「黄金の60年代」の要因のひとつに、メジャーが大量の中東石油を混乱なく安定して西側市場に供給できたことが挙げられます。

しかし、同時にメジャーに暗雲が立ちこめてきました。1950年代後半には、需給状況から公示価格よりも市場価格のほうが低い状況が生じていたのです。

まず、ソ連の動向です。ソ連も大産油国ですが、メジャーはソ連産の石油をあつかいませんでした。1960年代に西シベリアで大油田が相次いで生産を開始し、輸出も行っています。ソ連の輸出量の半分程度は西側諸国（欧州）向け

日本も、1959年に通産省（当時）の要請に応えた出光が輸入契約を締結し、ソ連から石油を輸入していた。ほかの石油会社はメジャーとの関係悪化を懸念して、ソ連産石油には手を出さなかった。

でした。欧州側にしてみてもソ連は距離的に近く、輸送コストが抑えられます。

そして60年代にソ連の生産量が急増すると、外貨獲得を目的として西側向けに価格を低く抑えて輸出しました。メジャーより安い石油には買い手がつきます。

非メジャーの海外展開もはじまります。外国に石油利権がほしい非メジャーは、多少不利な条件でも利権を締結しました。リビアはこの動きに着目し、自国に有利な条件で利権を結んでいます。これが産油国主導の初の価格引き上げにつながります（1970年）。

産油国側は、石油の富をメジャーが独占している状況に不満を抱き、経済発展のために石油価格と収入の安定を目的として、次頁で説明する石油輸出国機構（OPEC）を結成しました。

Part.1

# 資源ナショナリズムの動きとOPEC結成

1950年代後半以降、石油が市場で供給過多になり、1959年と1960年にメジャーは産油国側に相談することなく一方的に公示価格を引き下げました。当然、産油国の収入は低下し、経済的な打撃を受けます。こうした状況で、1960年9月にサウジアラビアなど5カ国により石油輸出国機構（OPEC）が設立されました。

1960年代前半は加盟国間での意見の対立やメジャーがOPECの活動を妨害したため、目立った成果をあげられませんでした。

しかし、1968年のOPEC総会では

### Ⓐ OPEC参加国・脱退国

**設立5カ国**

・ベネズエラ　・イラク　・イラン　・サウジアラビア
・クウェート

**あとから参加**

・リビア　・UAE　・アルジェリア　・ナイジェリア
・ガボン　・赤道ギニア　・コンゴ共和国

12カ国（2024年2月末時点）

**かつて参加していた国**

・エクアドル　・インドネシア　・カタール　・アンゴラ

おもな脱退理由は生産量をめぐる相違

なお、OPECとは別に、アラブの産油国で構成されるアラブ石油輸出国機構（OAPEC）という組織も1968年に設立された。OAPECにはバーレーンなど非OPECメンバーの国も参加している。

産油国が自主開発と既存利権への参加について決議します。これは、メジャーに対して産油国からの「退場」を突きつけるものでした。メジャー側は産油国に対して融和策を試みますが、同時に中東からの撤退を意識しはじめます。

1950年代から、おもに途上国で自国の資源主権を外国企業から取り戻す資源ナショナリズムの動きが高まり、さまざまな国際商品協定（商品カルテル）が結成されていきますが、その多くは失敗に終わりました。

しかし、比較的早い時期に結成されたOPECは石油という代替不可能な戦略資源ゆえ、世界に大きな影響を与えることになります。

### Ⓑ 石油価格(1949〜1969年)

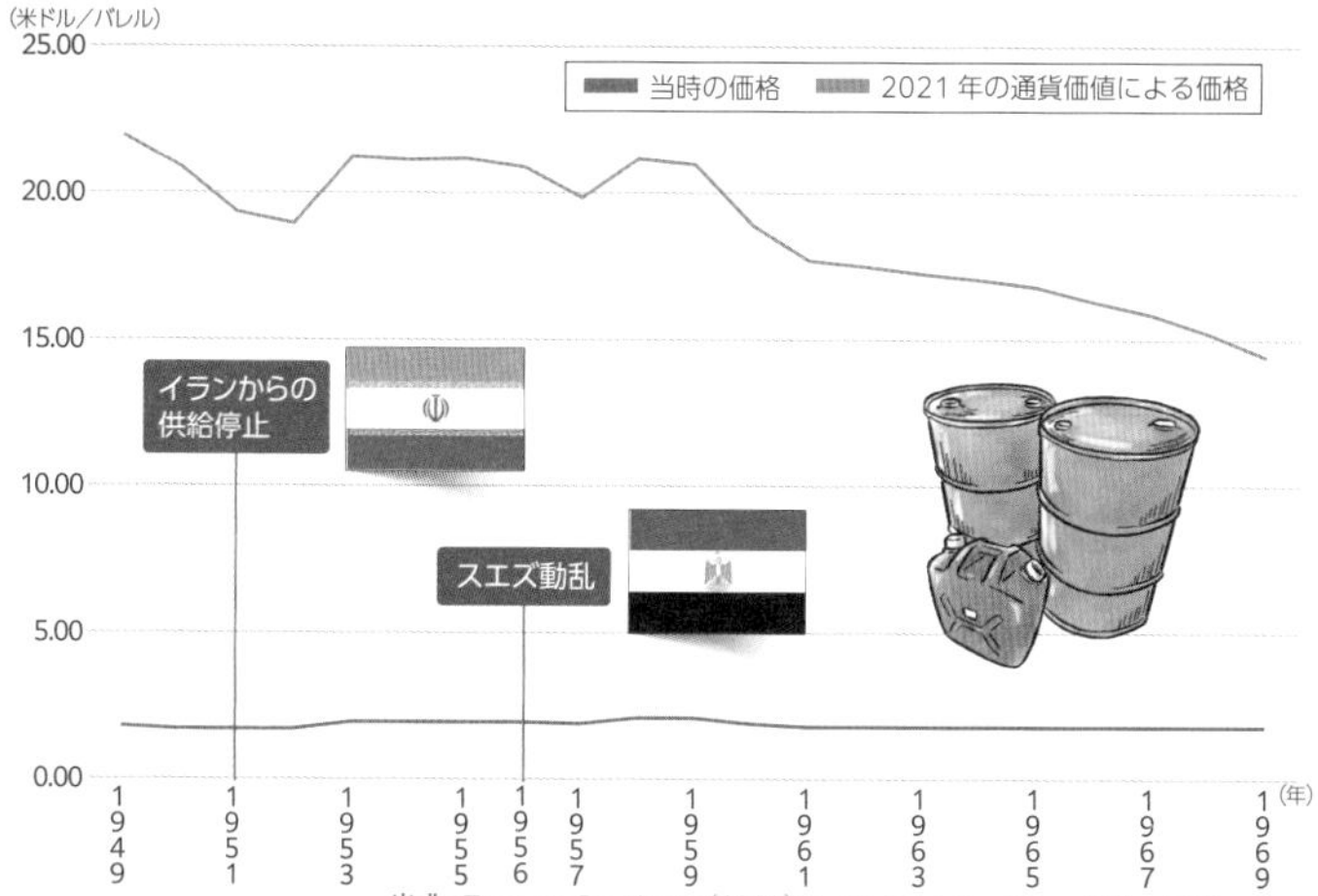


出典:Energy Institute(2023)Statistical Review of World Energy.

1960年代、イラクやリビアなどでは、産油国側からメジャーに相談せず一方的に価格の引き上げに成功している。

Part.1

# メジャー支配からOPECへ

1973年は年初より石油不足傾向で、アブダビやサウジアラビアがメジャーをとおさずに消費国に販売するDD原油取引を開始し、市価より高く売れました。10月に第四次中東戦争が勃発すると、OPEC中東6カ国が公示価格を大幅に引き上げ、12月末までに4倍に値上がりました。

また、OAPECがイスラエルを支持するアメリカとオランダに対して石油禁輸措置、アメリカの友好国に対して供給量の削減を発表しました。石油がまさに「武器」になったのです。また、産油国は石油の国有化も実現して、権益も価格決定権もメジャーから奪いとり、1970年代は産油国（実質的にはOPEC）が石油を支配しました。中東を追われたメジャーは北海やメキシコ湾などで石油開発を進めていきます。

10月、突如として石油価格が高騰し、世界が大混乱しました（第一次石油ショック）。長らく渇望していた石油の支配権を獲得した産油国には、価格高騰による多額のオイルマネーが流入し、「石油ブーム」期が到来しました。

一方、OAPECの石油禁輸措置により、アメリカの同盟国であるとして日本も供給削減の対象国になり、石油価格の高騰とともに大慌てになりました。さらに、1979年のイラン革命を契機に第二次石油ショックが起きます。

- 石油ショックにより世界経済の成長が減速し(日本が戦後はじめてマイナス成長を記録するのがこの時期)、石油の需要が減る
- 石油価格が高くなることで先進国では「省エネ」技術の開発、石油ではないほかの代替エネルギーの開発が進む

**石油需要減は産油国にとってマズい**

まずい…
産油国

この狭間でOPECは価格をコントロール(しかも高めに)していかないといけない。これは難しい

- 石油価格が高くなったことで、これまで石油が発見されていたもののコストが採算に達せず生産が行われていなかった北海やメキシコ湾などで石油開発が進む。そして中東を追われたメジャーはこうした地域に活動の中心を移す

**石油の供給が増えると価格が低下する**
**産油国にとってはマズい**

Part.1

# 盟主サウジアラビアの苦悩

ＯＰＥＣは価格カルテルで、望ましい価格水準にするため、生産量を増減させます。そして加盟各国に生産量が割り当てられます。これがうまく機能すればよいのですが、実際は「抜け駆け」生産の問題が生じ、割り当てより多く生産する加盟国が出てきました。

これに対処するため、サウジアラビアはカルテル全体の生産量を調整するスウィング・プロデューサー役を担います。これにより、サウジアラビアは実質的な「減産」を、とくに１９８０年代前半は強いられてきました。それはサウジアラビアの石油収

入減を意味し、財政上も大きな制約となります。

この苦境に耐えられなくなったサウジアラビアは、1986年にスウィング・プロデューサー役を放棄し、シェア増加をねらって石油増産に乗り出しました。

当然、供給量が増加した世界の石油価格は暴落し、以降2000年代はじめまで、石油価格が低迷します。これによりOPECの発言力は低下することになりました。

1983年、ニューヨーク・マーカンタイル取引所で、石油先物取引市場が開設されました(指標がWTI)。欧州やアジアでも取引市場が開設され、1980年代以降、石油価格の決定に市場が大きな役割を果たすようになりました。

## OPECの価格戦略の限界

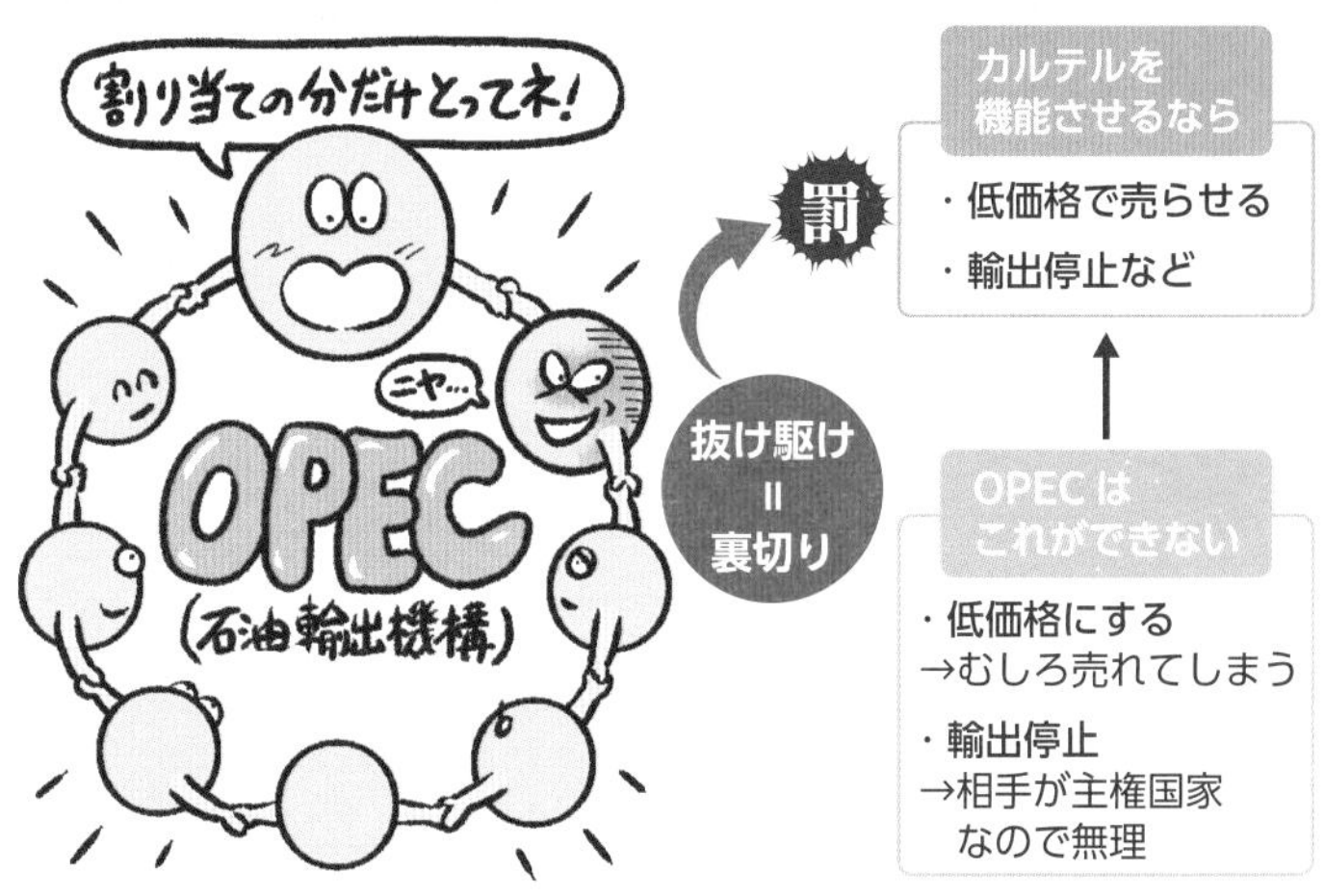


ゲーム理論の考え方だと、裏切り者に罰を与えるしくみがないとカルテルはうまく機能しないが、OPECはそれができなかった。

Part.1

# 価格低迷の90年代、市場過熱のゼロ年代

1990年代も石油価格の低迷が続きます。産油国はもちろん、石油会社も業績が低迷し、対応に迫られます。1980年代後半から1990年代は、1バレル10ドル台を記録するなど、低価格が続きました。

これは産油国にとって財政上の制約になり、国の財布のひもを締める緊縮財政が迫られると同時に、石油の富を浪費するしくみから、石油に依存しない経済構造への転換がどの国でも叫ばれました。しかし、UAEのドバイ以外でその試みは実を結びませんでした。サウジアラビアやクウェートでは財政難を打開するため、これまで閉ざ

石油価格(1970〜2009年)

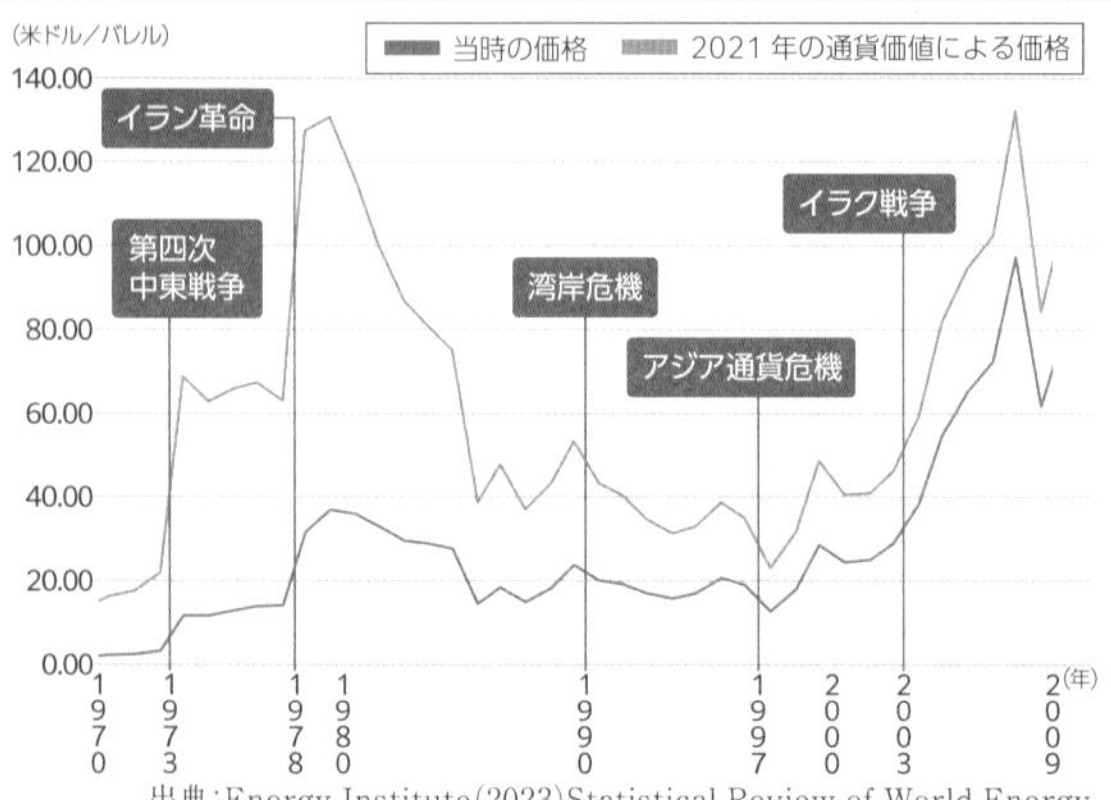


出典:Energy Institute(2023)Statistical Review of World Energy.

産油国にとって重要なのは石油収入の最大化であり、価格が乱高下する状況は好ましくない。そのためサウジアラビアは「産油国クラブ」としてのOPECの機能をふたたび強化しようとした。

していた外国企業に自国の石油・ガス利権を開放することも検討されたほどです。

1990年代は、業績の低迷に対応するための企業合併が相次ぎ、石油業界の業界再編が目立った時期でした。1999年にかつてセブン・シスターズの一員として知られたエクソンとモービルが合併します。

2000年代に入ると、マネーゲームの投機資金が先物市場に流入し「暴走」した結果、石油価格が高騰したため、産油国では低価格時代に叫ばれた経済改革の試みが忘れ去られました。高価格を背景に、中東では「経済ブーム」が起こり、ドバイの名が広く知られるようになります。しかし、リーマンショックの世界経済の低迷により、価格がふたたび暴落してしまいます。

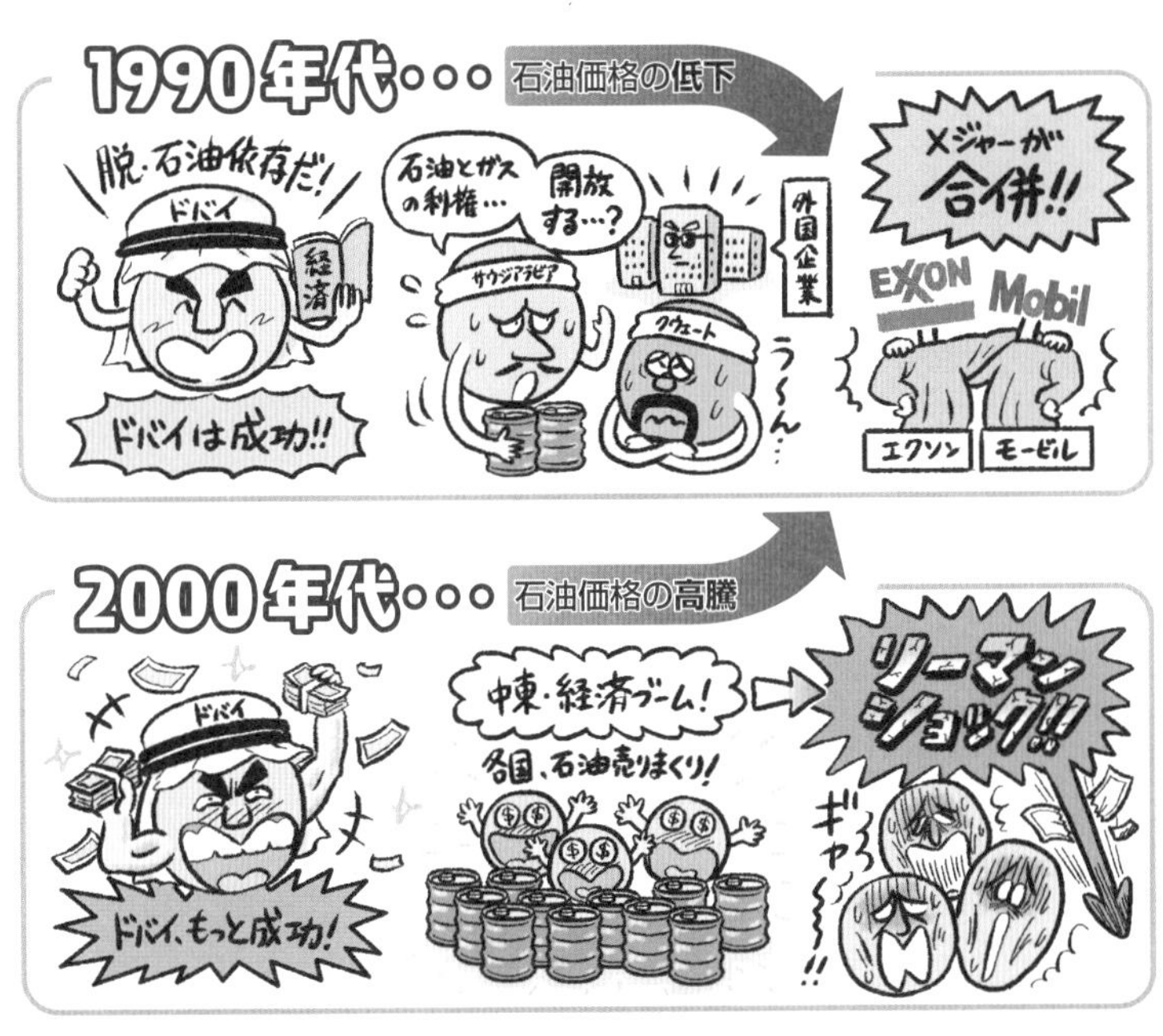

# 産油国「アメリカ」への対応

2010年代に入り、アメリカではシェール・オイル、シェール・ガスの生産が本格化します。技術進歩でこれまで採掘が難しかった地層から石油・ガスが採れるようになったとイメージしてください。その結果、2014年にはアメリカがサウジアラビアを抜いて、世界一の産油国となりました（図A）。

もともと大規模な産油国だったアメリカは、安定供給を目的として中東の石油にも依存する体制を整え、サウジアラビアと「特別な関係」を築いてきました。しかし、いまやアメリカは中東抜きでも石油や天然ガ

Ⓐ アメリカ・ロシア・サウジアラビアの石油生産量推移

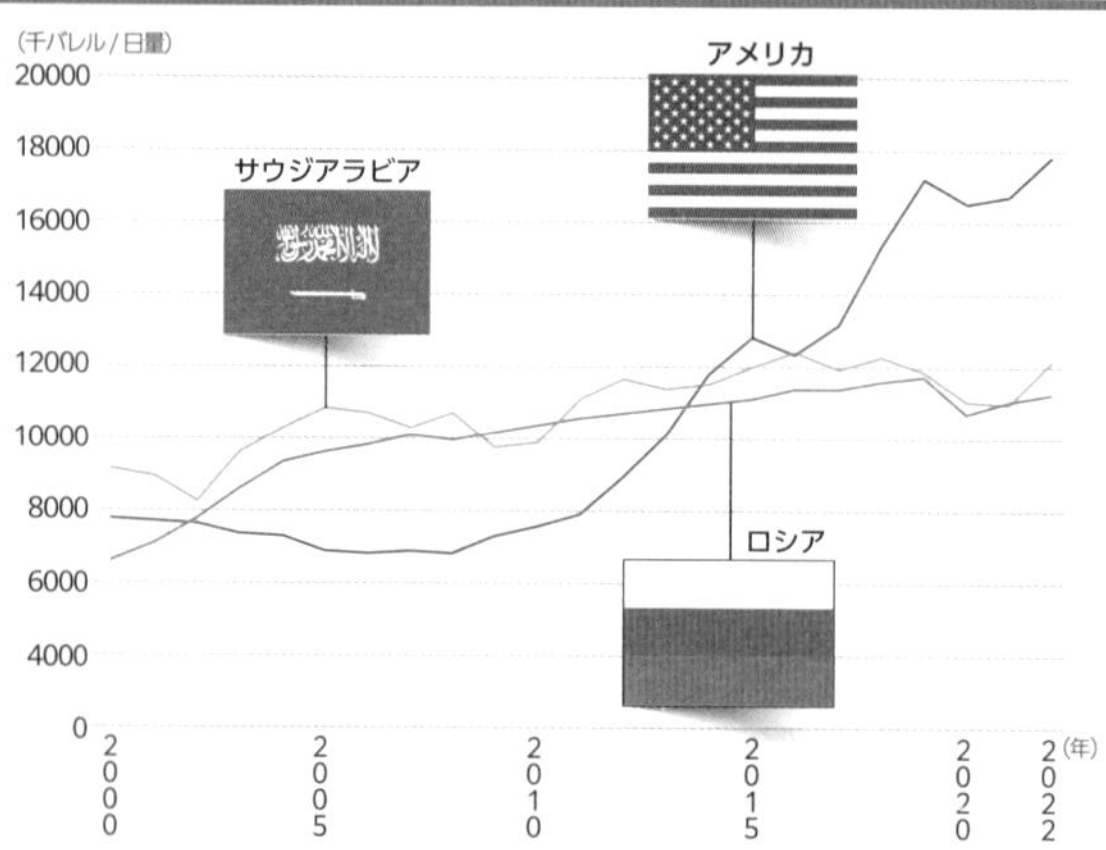


出典：Energy Institute（2023）Statistical Review of World Energy.

近年、アメリカとサウジアラビアの生産量の差は拡大している。そのためアメリカは政治・外交的にも中東地域への関与の度合いを変化させている。

スをまかなえるようになり、同盟国にも石油・ガスを輸出しています。

サウジアラビアは対応策として、OPECの枠組みを強化して石油価格の決定権を取り戻そうとします。そして、OPEC加盟国ではないものの、産油規模の大きいメキシコやロシアと協調して石油需給を調整する「OPECプラス」を、2016年12月に設立しました。図Bのように、OPECプラスは世界の石油生産の半分以上を占めています。

しかし、価格を維持するための生産量の協調、とりわけ減産について加盟国間の意見の相違は大きく、カタールがOPECを脱退したことからもわかるように、一筋縄ではいかない面があります。

### Ⓑ 世界の石油生産に占めるOPEC、OPECプラスの割合

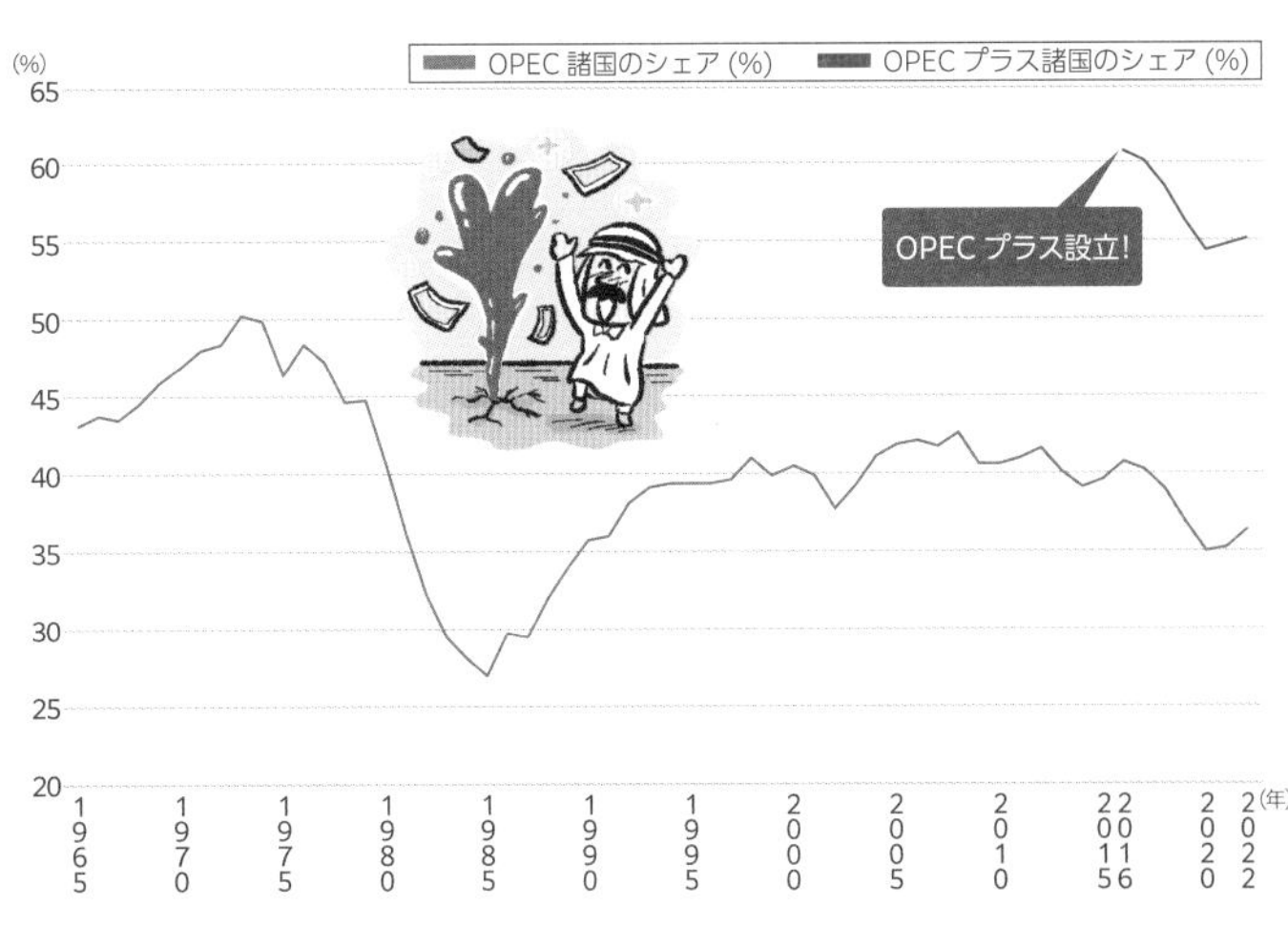


出典:Energy Institute(2023) Statistical Review of World Energy,
バーレーンの石油生産量はOPEC(2023) Annual Statistical Bulletin 2023.

２０１６年に発効したパリ協定により、温室効果ガス削減が国際社会の取り組むべき課題となりました。現在、「脱炭素」が世界でキーワードになっており、石油産業は脱炭素と真っ向から対立する立場です。

すでに石油会社は「総合エネルギー企業」に変革すべく、事業の再構築に取り組んでいます。二酸化炭素を排出する石油については、株主や国際社会からの理解が得られず、新規投資が難しい状態です。２０２４年時点で多少の揺り戻しはあるにせよ、今後、石油の新規開発は容易ではないでしょう。

とはいえ、完全に石油が使われない社会

### 石油消費国側と生産国側の需要予測

**消費国側 IEAの石油需要予測**（単位：100万バレル/日量）

| | 現在 | 公約よりも保守的（現実的）な見方の場合 | | 脱炭素が公約どおり進んだ場合 | |
|---|---|---|---|---|---|
| 年 | 2022 | 2030 | 2050 | 2030 | 2050 |
| 世界 | 96.5 | 101.5 | 97.4 | 92.5 | 54.8 |

出典：IEA（2023）World Energy Outlook.

**生産国側 OPECの石油需要予測**（単位：100万バレル/日量）

| 年 | 2022 | 2025 | 2030 | 2035 | 2040 | 2045 | 2022-2045成長率 |
|---|---|---|---|---|---|---|---|
| 全世界 | 99.6 | 106.1 | 112 | 114.4 | 115.4 | 116 | 16.4% |
| OECD諸国 | 45.9 | 46.5 | 46 | 43.4 | 40 | 36.7 | -9.3% |
| 非OECD諸国 | 53.6 | 59.6 | 66 | 71 | 75.4 | 79.4 | 25.7% |
| 中国 | 14.9 | 16.8 | 17.8 | 18.2 | 18.5 | 18.8 | 4.0% |
| インド | 5.1 | 5.9 | 7.3 | 8.8 | 10.2 | 11.7 | 6.6% |
| 中東 | 8.3 | 9.4 | 10 | 10.7 | 11.4 | 11.9 | 3.6% |

出典：OPEC（2023）World Oil Outlook 2023.

このほかにもさまざまな機関が予測を出しているが、将来的に石油の需要は減少するとみてよいだろう。

は到来しません。発電や燃料需要としての石油消費量は減少しますが、石油化学製品は代替が難しいため、需要は残ります。先進国で石油消費量が減少しても、アジア途上国では需要の増加が見込まれ、中東はその供給者となりえます。そして、中東の石油生産における圧倒的低コストと保有量は世界の「よりどころ」となります。

なお、中東の石油会社は国営のため、石油に注力しても株主への説明責任がありません。中東以外に自由に石油生産をコントロールできる地域はあまりなく、残存者利益を最大化する行動をとるでしょう。

いずれにせよ、「石油が使われなくなる時代」に向けて、石油に依存する中東がみずから変革しなければならない時代なのです。

中東経済こぼれ話❷

# 日本に石油メジャーが生まれなかったワケ

日本国内の石油会社をすべて足せば、下位メジャーほどの規模はあります。なぜ日本で石油メジャーが誕生しなかったのでしょうか？

石油メジャーは上流と下流の一貫操業を行っています。日本の石油会社の弱い部分が上流部門です。現在、日本の石油会社はまったく上流部門を手掛けていないわけではありませんが、下流部門の精製や販売が中心です。下流中心のビジネスモデルは歴史的な経緯によるものです。

戦前の日本では外国石油会社であるメジャーが活躍していました。メジャーは生産地で精製する方法をとっていました。

少しでも日本の利益にしようと、日本の石油会社は消費地（日本）で精製する方式を採用し、戦後も（敗戦のため当然ですが）上流部門をメジャーにほぼ依存し、下流に注力することになりました。

そして、戦後の日本は安定供給のため石油を規制産業にしたため、石油会社としてはある意味、安心して下流専門のビジネスに取り組めました。

規制産業ゆえ小規模の石油会社も存続することができ、「乱立」状態が継続してきたといえます。

1970年代にメジャーの影響力が弱まってきたあとも、上流と下流の分断は続くことになりました。

2000年代以降、日本の石油会社は合併を行って規模の拡大をめざしているとはいえ、メジャーには匹敵するにいたっていません。

なお、日本と同様にドイツでもメジャーは存在しません。

Part.2

# 世界と日本のエネルギー事情

Part.2

# 石油と天然ガスはまだまだ主役

石油や天然ガス、石炭など自然から直接採取できるエネルギーを一次エネルギーと呼び、この一次エネルギーを加工して得られるガソリンや電力を二次エネルギーと呼びます。一般の消費者が使用する形態が二次エネルギーになります。

図Aに示すように21世紀初頭からここ20年ほどで、世界の一次エネルギーの消費量は1・5倍増加しています。

エネルギー別のシェアでは、21世紀に入り石油のシェアは低下傾向です。天然ガスは若干増加、2010年ごろから再生可能エネルギーの割合が大きく伸びています。

**Ⓐ 一次エネルギー消費地域別グラフ**

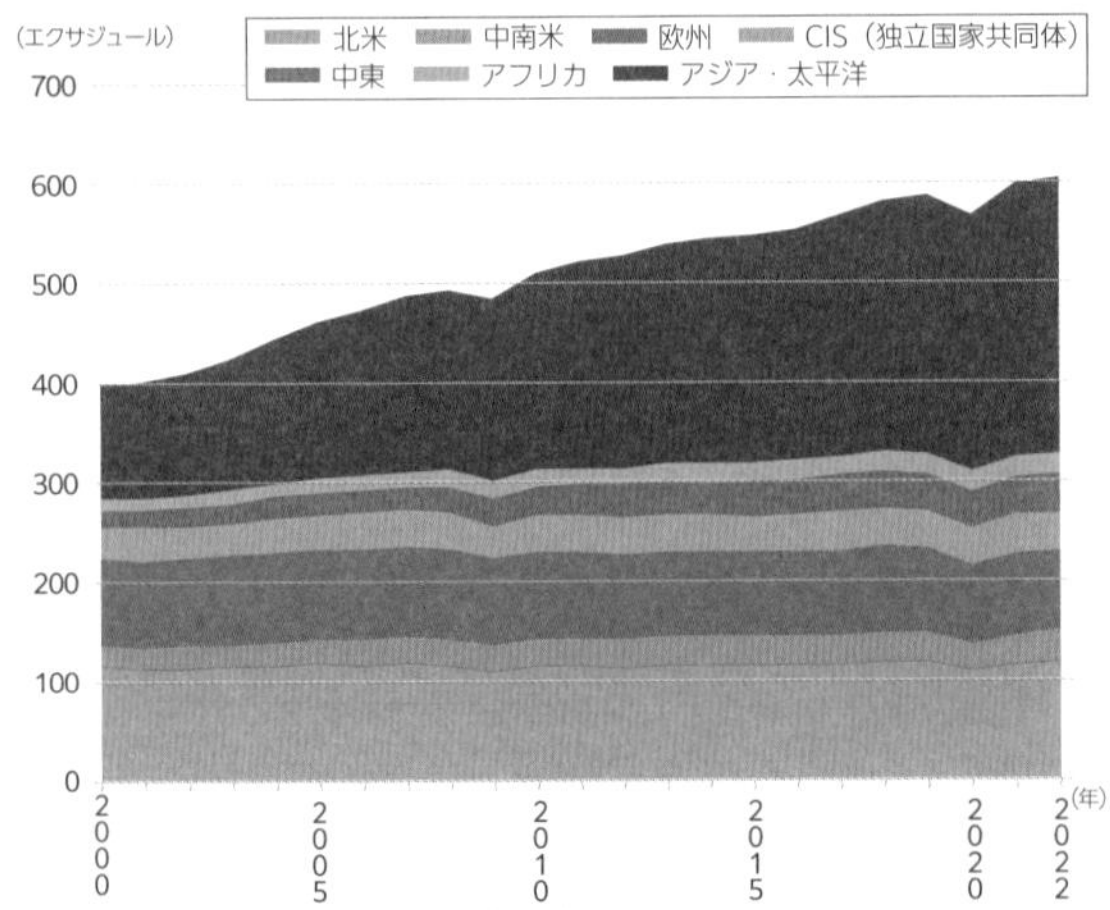


出典:Energy Institute(2023)Statistical Review of World Energy.

リーマンショックやコロナウイルス流行時を除き、基本的には右肩上がりに増加している。

再生可能エネルギーは現状、石油や天然ガスのシェアとは大きく離されていますが、今後、大きく増加していくことが予想されます。

一次エネルギー消費の傾向は地域によっても異なります。多くの地域で石油が最大のシェアを占めていますが、アジア地域においては、石炭のシェアが大きいことがわかります。これは経済発展の度合いが低く、火力発電に安価な石炭を用いているためですが、石炭火力は温室効果ガスの排出量も多くなるため、今後、経済発展とともに環境への対応が求められてきます。

中東の一次エネルギー消費においては、みずからが産出国であるため石油と天然ガスでほぼすべてを占める状態です。

## Ⓑ 地域別一次エネルギー消費内訳｜一次エネルギー消費シェア

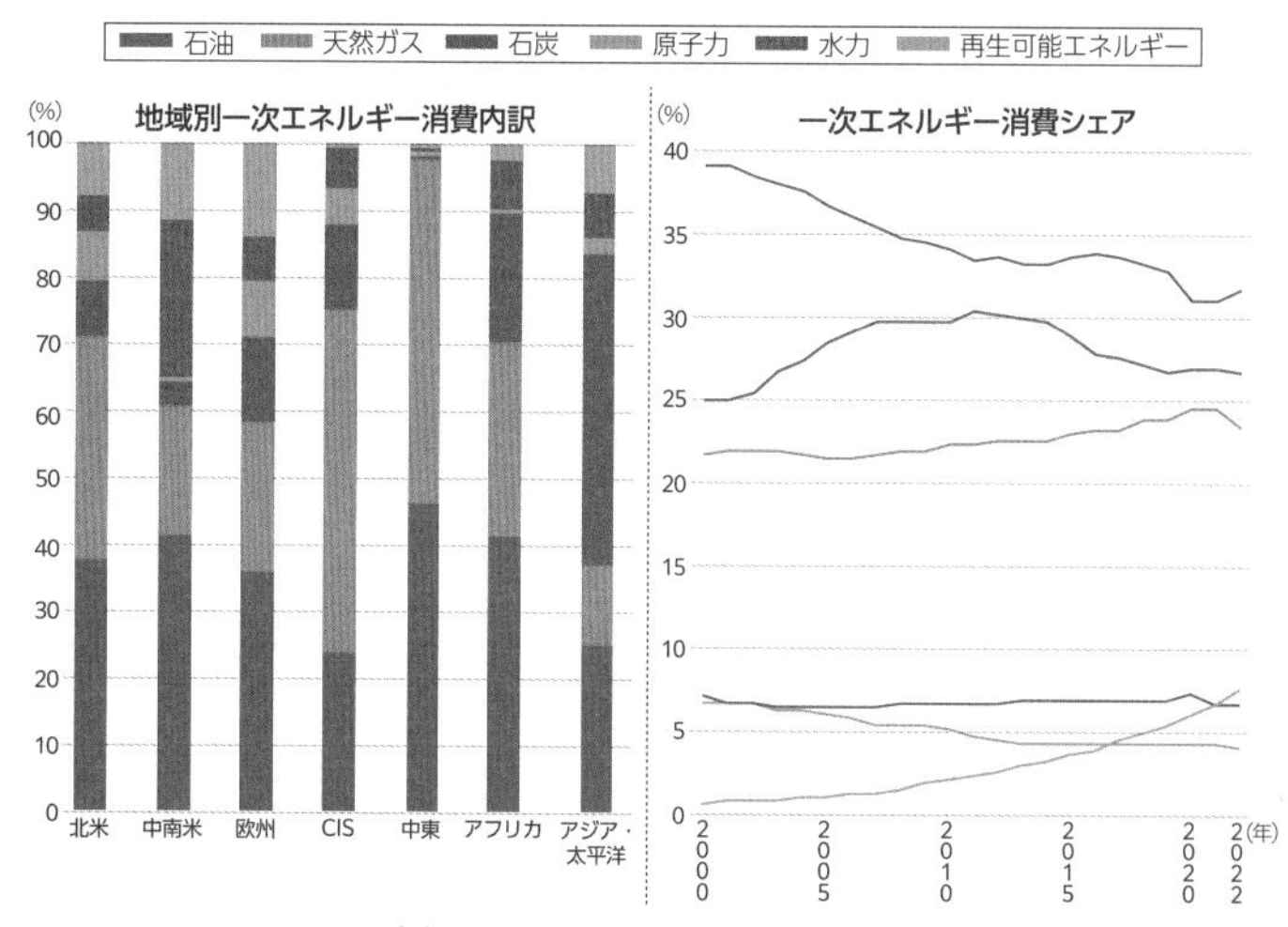


出典：Energy Institute(2023)Statistical Review of World Energy.

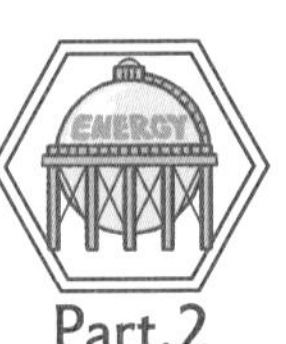


Part.2

# 化石燃料依存度が高い日本

化石燃料はその使用によって地球温暖化の原因となる温室効果ガスを排出します。一次エネルギーで化石燃料とされるのが石油、天然ガス、石炭です。温室効果ガスの排出がもっとも少ないのは天然ガスですが、気体であるため輸送コストもかかることから、価格は3つのうちもっとも高くなります。天然ガスは豊かな国のエネルギー源だといえます。

図Aは2022年の主要国の一次エネルギー消費に占める化石燃料の割合です。日本は先進国のなかでも化石燃料依存率が高い国のひとつです。石炭火力発電が多いた

**Ⓐ 主要国の化石燃料消費割合**(2022年、%)

| | 日本 | アメリカ | ドイツ | フランス | 中国 | インド | 韓国 |
|---|---|---|---|---|---|---|---|
| 化石燃料依存率 | 84.9 | 81.1 | 76.2 | 53.6 | 81.6 | 88.4 | 83.2 |
| 石油 | 37.6 | 37.7 | 34.6 | 34.7 | 17.7 | 27.6 | 43 |
| 石炭 | 27.1 | 10.3 | 18.9 | 2.5 | 55.5 | 55.1 | 22.6 |
| 天然ガス | 20.3 | 33.1 | 22.6 | 16.4 | 8.5 | 5.7 | 17.5 |

出典:Energy Institute(2023)Statistical Review of World Energy.

日本の場合、排出する二酸化炭素を回収するなどして、環境に影響があまり出ないようにしている。

め石炭の割合が高くなり、全体としての割合も高くなります。フランスの場合は、図に載ってはいませんが、原子力の割合が高いため化石燃料依存率が低くなっています。

途上国である中国やインドの化石燃料依存率は8割を超えていますが、発電に石炭を用いているため石炭の割合が高いのが特徴です。石炭はコストが低いものの、温室効果ガスを多く排出してしまい、環境には悪影響があります。よくニュースになりますが、中国とインドの二酸化炭素排出量は世界で3本の指に入っています。

経済発展にともない、高価でも環境に優しい天然ガスを使えるようになれば、そして石炭を用いたとしても環境対策ができれば、環境への負荷は軽減できます。

**Ⓑ 環境クズネッツ曲線仮説**

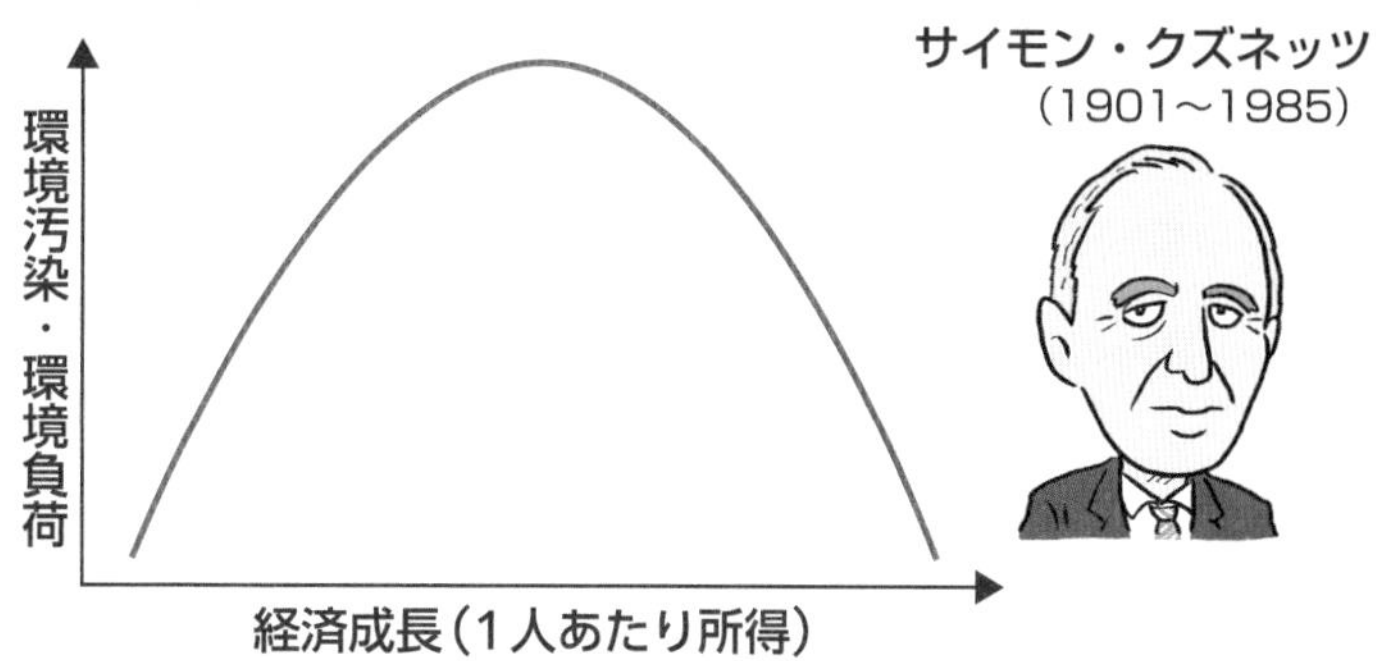


経済成長と環境負荷を示した曲線。途上国の経済発展が初期段階のとき、経済活動が活発ではないため環境負荷は小さい。経済が発展すると環境問題が出てくる。経済が成長して豊かになれば、環境対策ができるため負荷が小さくなる。日本を例に考えると、昔は貧しかったので環境問題という概念がなかったが、高度経済成長期に公害問題が起き、経済が成長して環境問題が減少した。

Part.2

# 日本の弱点はエネルギーの海外依存

第二次世界大戦後の日本において、おもなエネルギー源は国内でも採れる石炭でした。1950年代以降、日本は国際社会に復帰し、メジャーから石油の供給を受けられるようになると、日本ではエネルギー源を石炭から石油に替える動きが出てきます。

1962年に石油輸入が自由化され、石油への転換が加速化していきます。1969年にはアラスカから液化天然ガス（LNG）の輸入もはじまり、しだいに天然ガスの利用も増えていきます。1970年代には、日本の一次エネルギー消費の9割以上が化石燃料だった時期もありました。

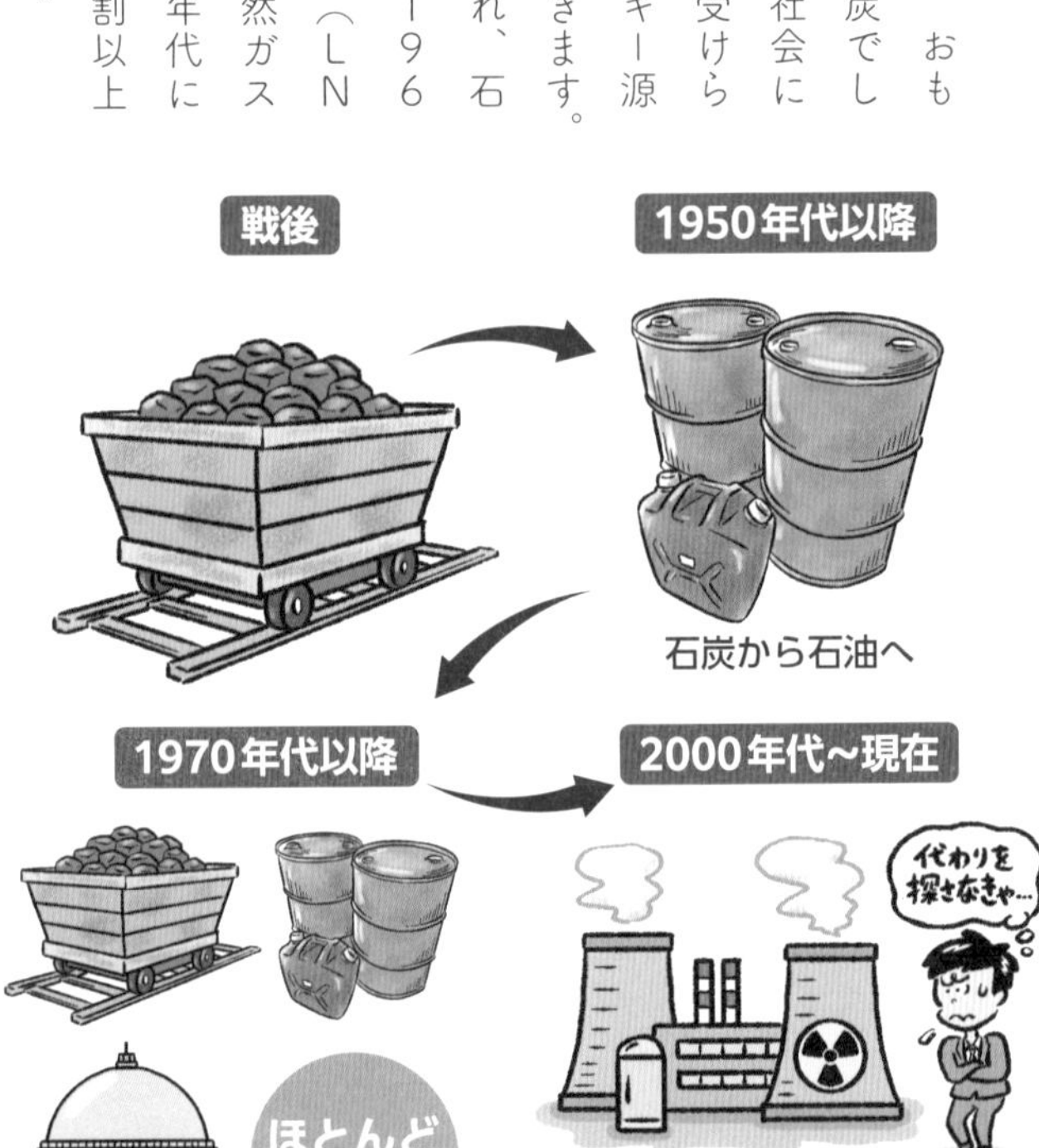

日本の一次エネルギーに関する弱点は、輸入に依存していることです。新潟や秋田などで石油や天然ガスがわずかに生産されていますが、ほとんどを輸入しています。石炭も、国内の鉱山を閉山し、コストの低い外国産を輸入しています。エネルギー自給率は1970年代には10%を切るレベルにまで低下しています。

エネルギーの外国依存を減らす救世主として原子力が期待され、日本初の商業原子力発電は1966年に運転を開始します。原子力はしだいにシェアを拡大し、エネルギー自給率も向上しましたが、2011年の東日本大震災後、すべての原発が停止しました。現在は稼働している原発もありますが、事故前の水準には戻っていません。

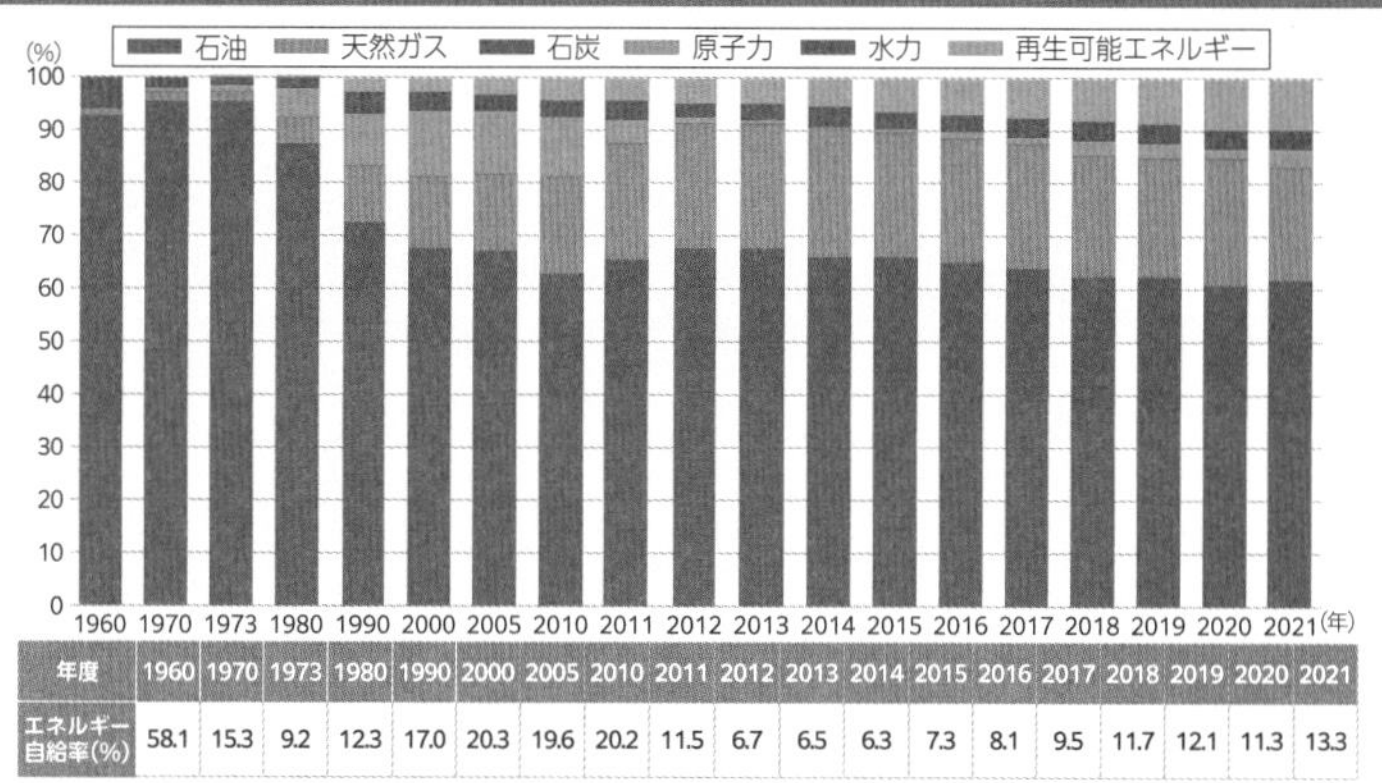


| 年度 | 1960 | 1970 | 1973 | 1980 | 1990 | 2000 | 2005 | 2010 | 2011 | 2012 | 2013 | 2014 | 2015 | 2016 | 2017 | 2018 | 2019 | 2020 | 2021 |
|---|---|---|---|---|---|---|---|---|---|---|---|---|---|---|---|---|---|---|---|
| エネルギー自給率(%) | 58.1 | 15.3 | 9.2 | 12.3 | 17.0 | 20.3 | 19.6 | 20.2 | 11.5 | 6.7 | 6.5 | 6.3 | 7.3 | 8.1 | 9.5 | 11.7 | 12.1 | 11.3 | 13.3 |

※IEAは原子力を国産エネルギーとしている
※エネルギー自給率（%）＝国内産出/一次エネルギー供給×100

出典：1989年度以前はIEA「World Energy Balances 2022 Edition」、1990年度以降は資源エネルギー庁「総合エネルギー統計」をもとに作成

再生エネルギーの普及で、2010年代後半からエネルギー自給率が上昇傾向にあるが、安定したエネルギー源になるためには克服すべき課題が多い。

Part.2

# 石油はあとどれくらい採れるのか？

「石油はあと50年でなくなる」と、筆者が小学生だった30年以上前からいわれていました。それから30年たっても「あと50年」のままなのは、なぜでしょうか？

石油の確認埋蔵量（実際に発見されている石油の量）をみると、サウジアラビアだけで世界全体の17・2％、中東地域全体で世界のほぼ半分の石油が埋蔵されています。R／Pレシオの部分が「あと何年」の部分です。

これは現在の生産量で石油採掘を行った場合、保有する埋蔵量であと何年採掘可能かを示すものです。サウジアラビアでは、今

**主要産油国確認埋蔵量**（2020年末）

| 国名 | 単位：10億バレル | シェア | R/Pレシオ |
|---|---|---|---|
| アメリカ | 68.8 | 4.0% | 11.4 |
| ベネズエラ | 303.8 | 17.5% | 500年以上 |
| ロシア | 107.8 | 6.2% | 27.6 |
| イラン | 157.8 | 9.1% | 139.8 |
| イラク | 145 | 8.4% | 96.3 |
| クウェート | 101.5 | 5.9% | 103.2 |
| オマーン | 5.4 | 0.3% | 15.4 |
| カタール | 25.2 | 1.5% | 38.1 |
| サウジアラビア | 297.5 | 17.2% | 73.6 |
| UAE | 97.8 | 5.6% | 73.1 |
| アルジェリア | 12.2 | 0.7% | 25 |
| リビア | 48.4 | 2.8% | 339.2 |
| 中国 | 26 | 1.5% | 18.2 |
| うち中東※ | 835.9 | 48.3% | 82.6 |
| 世界合計 | 1732.4 | 100% | 53.5 |

※中東にはリビアなど北アフリカ諸国をふくまず

出典：BP（2021）Statistical Review of World Energy.

産油国にとってどれだけ石油をもっているかは極秘事項で、あまりみずから公にしない。英BPは公表していたが、2021年版の報告書を最後に更新されなくなり、BPの後継となる報告書でも2020年末のデータがそのまま掲載されている。

後73・６年は石油が採れる計算です。
世界全体で53年、中東全体だと82年になるため、「あと50年」はまちがってはいません。30年以上変わっていない理由は、簡単にいえば消費（生産）量を上回る量の石油がみつかっているからです。

世界全体の確認埋蔵量は、１９８０年には６８２６億バレルでしたが、２０２０年には１兆７３２４億バレルと約２・５倍増加しています。一方で同じ時期の生産量は約１・４倍増加しており、みつかる量のほうが多い状態です。

おそらく、「石油がなくなる日」よりも脱炭素が進んで「石油が使われなくなる日」のほうが先に来ます。これは、石油に依存している中東にとって大問題となります。

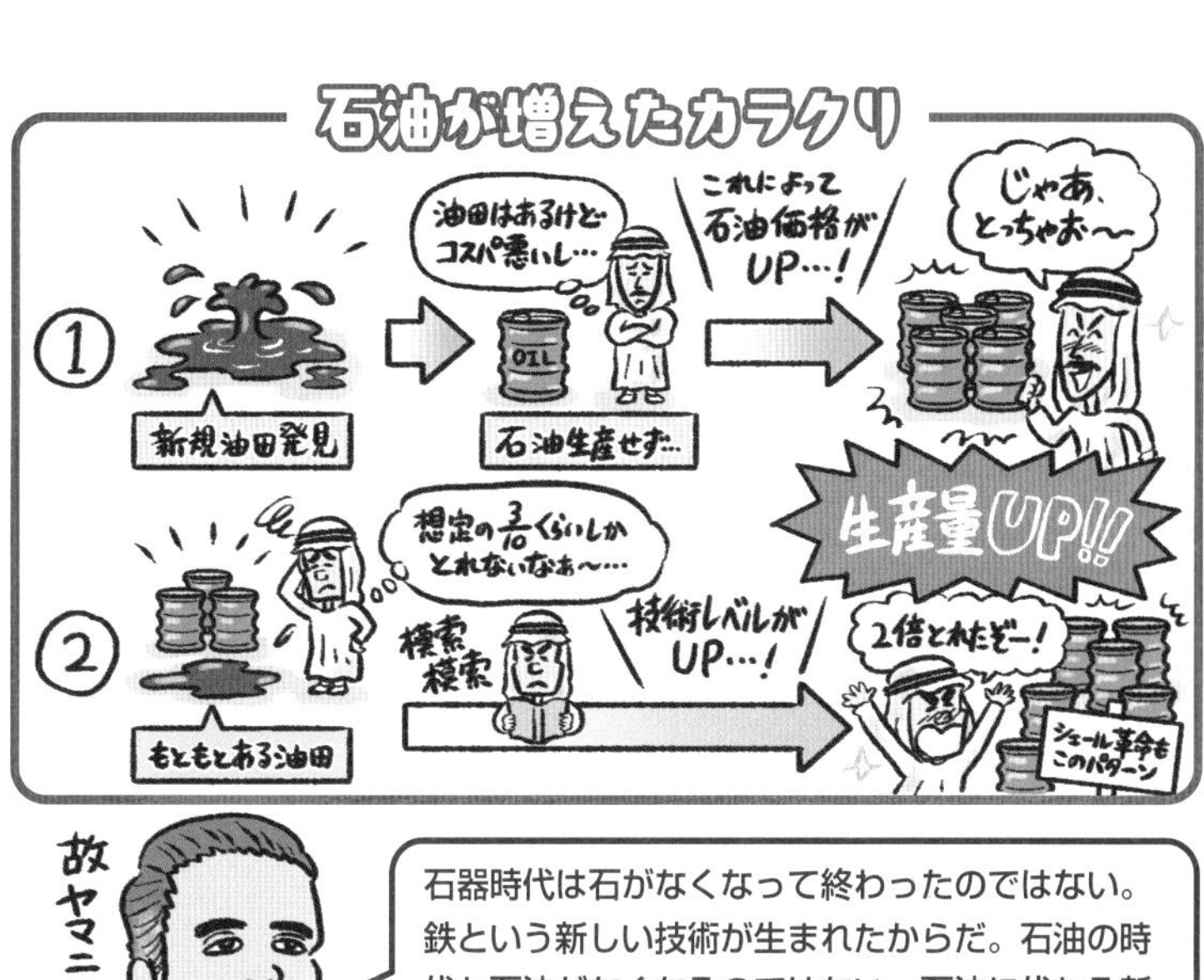


故ヤマニ石油相

石器時代は石がなくなって終わったのではない。鉄という新しい技術が生まれたからだ。石油の時代も石油がなくなるのではない。石油に代わる新しい技術に取って代わられるから終わるのだ

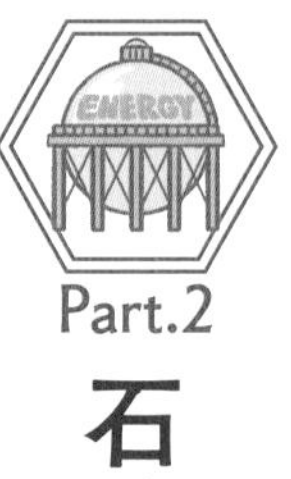


# 石油の生産量・消費量

一次エネルギーのなかで、石油の割合が年々低下傾向にあることはすでに説明しました。さまざまなエネルギー源があるなかで石油の消費割合は低下していますが、石油だけでとらえると生産量と消費量はどのように変化しているのでしょうか。

ここ30年あまりの石油の生産量と消費量（図A・B）をみると、世界全体では消費量が生産量よりも若干少ないものの、1995年と2022年を比べると約1・4倍増加しました。消費量が低下する年は金融危機やコロナの影響が出ています。

地域別の生産量では、中東が圧倒的な割

## Ⓐ 地域別石油生産量

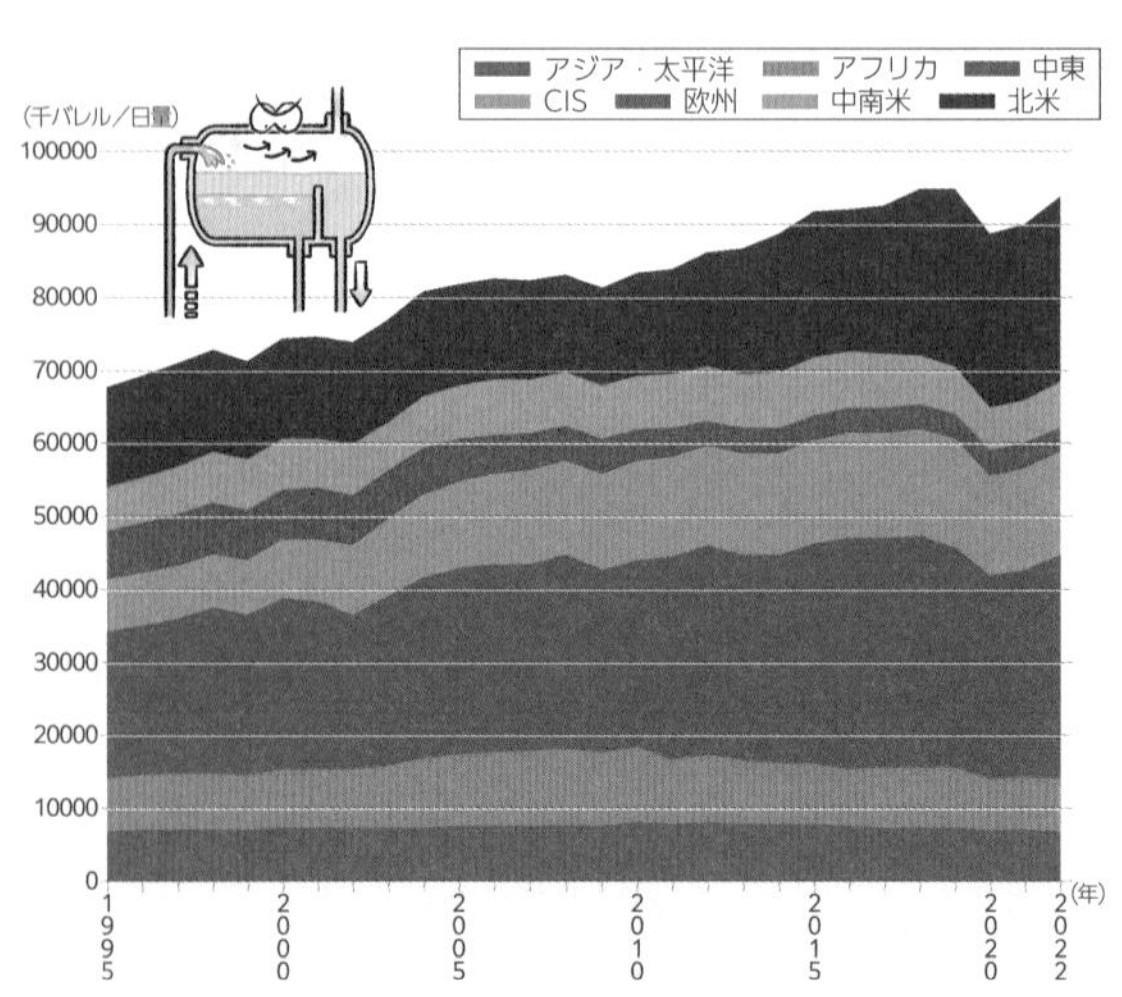


出典：Energy Institute（2023）Statistical Review of World Energy.

合を占めていることがわかります。近年はシェール革命によりアメリカをふくむ北米の割合が高まっていることが特徴です。

消費量については、ここ30年ほどでアジア・太平洋地域の消費が急拡大しており、とりわけ21世紀に入ってからの伸びが著しいです。これは中国やインドの経済発展による石油消費の増加がおもな理由です。

一方、アジア・太平洋地域の石油生産量はほぼ横ばいです。中国はかつて、アジアにおける有力な産油国でした。現在は完全な輸入国となり、中東とロシアがおもな供給地域となっています。経済発展のためにはエネルギー源の確保が欠かせません。アジアの経済発展を支えているのは中東の石油といっても過言ではありません。

## Ⓑ 地域別石油消費量

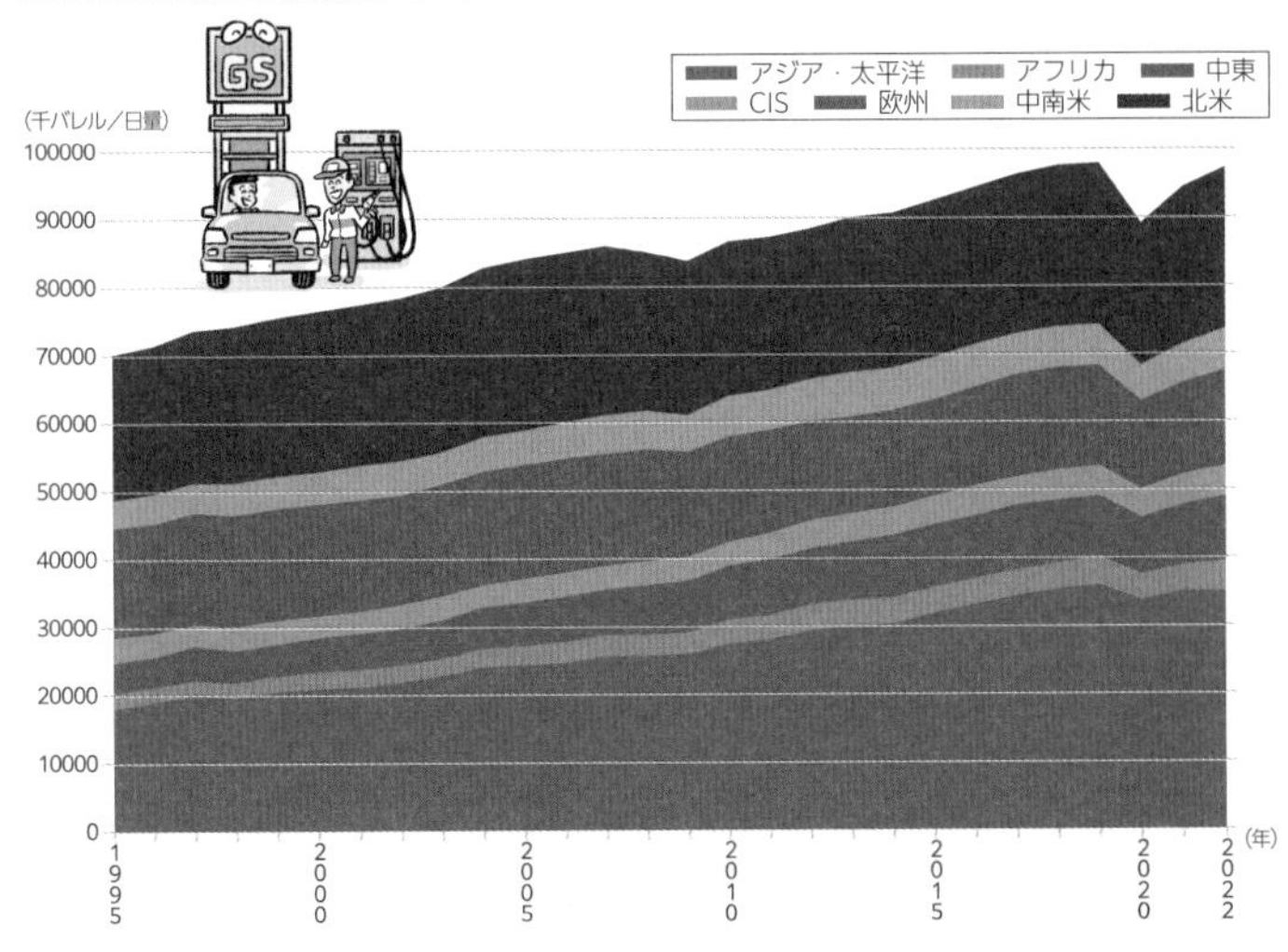


出典:Energy Institute(2023)Statistical Review of World Energy.

# 世界最大の産油国アメリカ

2024年時点で世界最大の産油国はアメリカです。ロシア、サウジアラビアは上位3カ国の常連ですが、近年、アメリカが群を抜いて生産量を増加させています。

1965年以降のアメリカ、ソ連・ロシア、サウジアラビアの石油生産量の推移（下図）をみると、サウジアラビアは1970年代に生産量を急増させましたが、1980年代のスウィング・プロデューサー役のために生産量を低下させています。アメリカも1980年代なかば以降、生産量が低下傾向に転じます。ソ連（ロシア）も1990年代以降、ソ連の崩壊にともなう混乱

**アメリカ・ロシア・サウジアラビアの石油生産量推移**

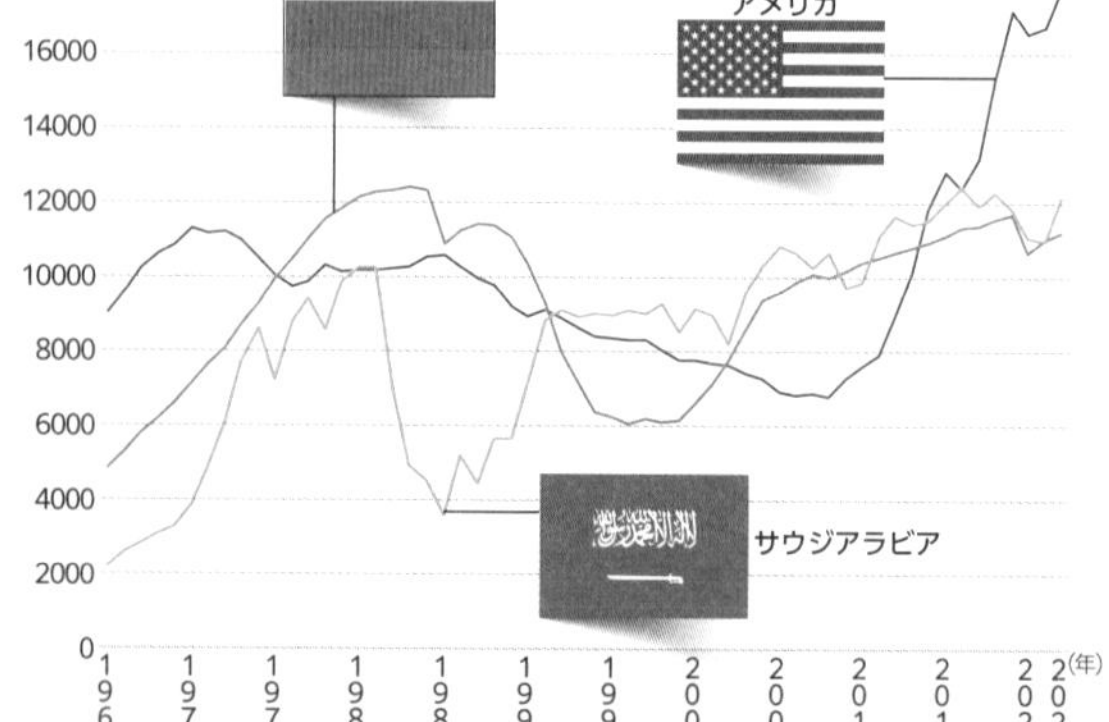


出典：Energy Institute(2023)Statistical Review of World Energy.

中東の石油に依存する必要がなくなったため、近年アメリカの中東に対する外交政策は変化している。

により生産量が低下します。サウジアラビアは1990年代と2000年代、石油生産量が世界一でした。

2000年代なかばの「シェール革命」後、2000年代以降の石油価格高騰によりコストで割高なシェール開発が可能になりました。2010年代以降、シェール・オイル、シェール・ガスの生産が本格化し、2014年にアメリカはサウジアラビアを抜いて生産量首位に返り咲きました。

アメリカは自国内の生産で需要を満たせるようになりましたが、中東産石油の精製にあわせた施設があるため、現在も中東などからの石油輸入も継続しています。以前は禁止されていた石油の輸出は2015年に解禁されました。

Part.2

# 世界経済を左右する石油価格の推移

石油は現代社会に必要不可欠の資源であり、その価格は世界経済に大きな影響を与えます。

1950年以降の石油価格の推移（図）をみると、メジャーが支配していた1960年代までは石油価格は低く抑えられていました。この時期は現在の貨幣価値に換算しても20ドル弱なので、相当安価です。

しかし、OPECが価格決定権を握った1970年代には現在の価値で70ドル前後まで値上がりし、第二次石油危機が発生した1980年には現在の価値で約130ドルまで高騰しました。



実需ではなく、金儲け目的で石油市場で取引をするプレーヤーが2000年代に増えて、石油価格が上昇した。

その後、1980～1990年代の低価格の時期を経て、2000年代に入り投機マネーが石油先物市場に流入し、価格は上昇します。リーマンショックでいったんは下落しますが、その後、2011年に「アラブの春」が起きたことから価格は上昇し、現在の貨幣価値で150ドル近くまで上がります。

日本経済にとっては、石油価格に加えて為替相場も重要になります。2010年代前半の高価格だった時期、為替相場は1ドル＝100円を切る円高だったため、日本は円高に「助けられた」形になります。

しかし、2022年以降の石油価格高騰期においては円安が要因で、日本では石油価格が大きな問題になりました。

## 石油価格の推移(1950年以降)

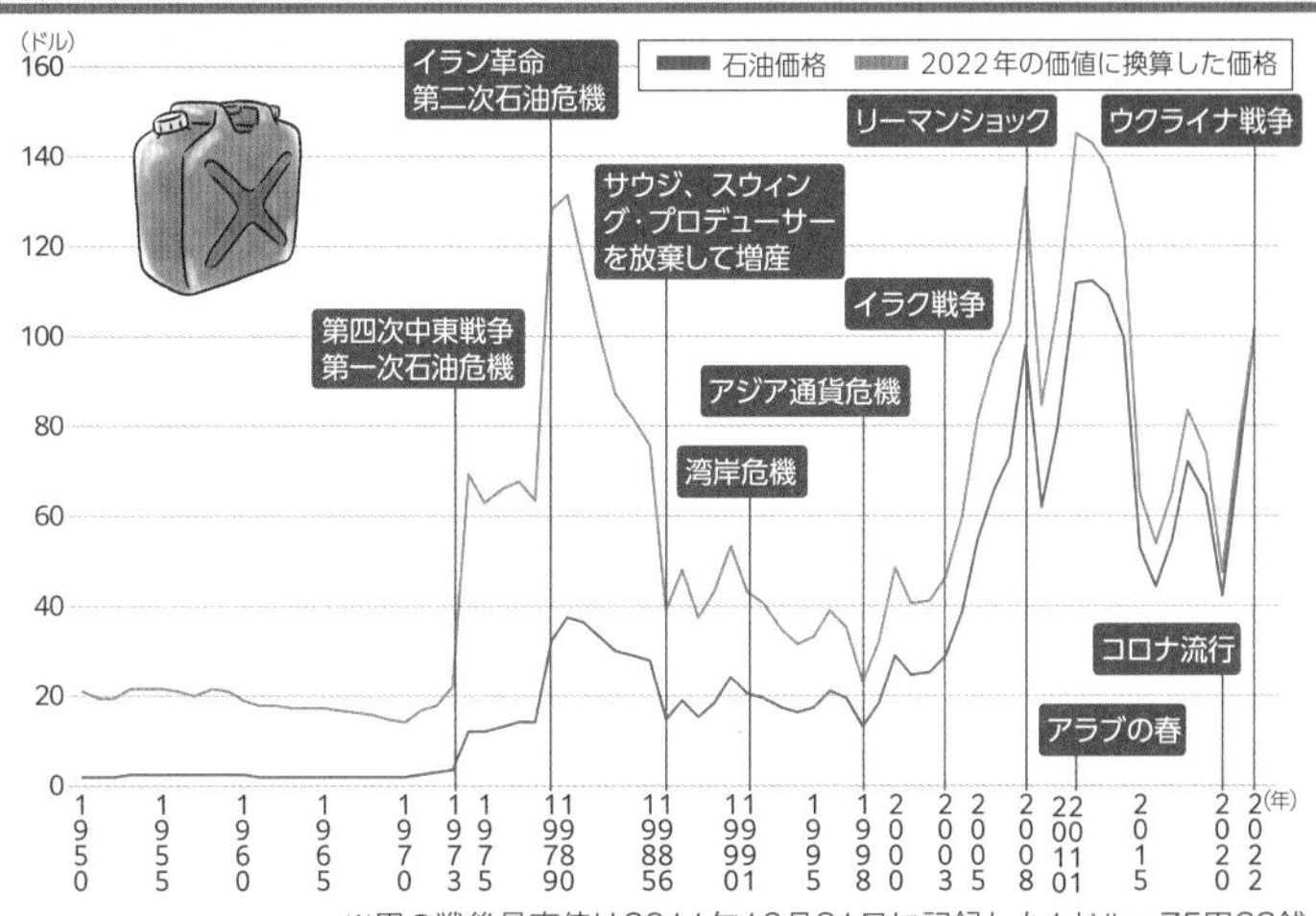


※円の戦後最高値は2011年10月31日に記録した1ドル＝75円32銭

石油価格は地政学的な要因でも価格が変動する。中東は不安定な要因が多く、石油市場に与える影響も大きくなる。

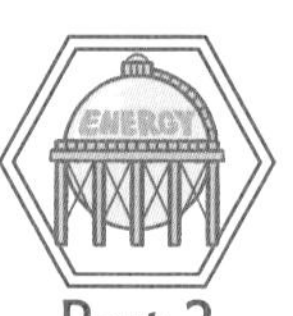


Part.2

# 石油の貿易：中東の得意先はアジア

世界の財貿易において石油は大きな割合を占めており、石油価格の変動によって世界各国の貿易額はかなり上下します。

世界の主要な石油貿易の流れ（図A）をみると、世界の石油輸出のうち4割強が中東からの輸出です。中東から輸出される石油のほとんどはアジア向けで、なかでも中国向けのボリュームが圧倒的です。

ほかには、ロシアから欧州、カナダからアメリカに向けた貿易が多くなっています。ロシアから西欧、カナダからアメリカの流れは、地理的に距離が近く、かつ輸送手段としてのパイプラインがあることなどを考

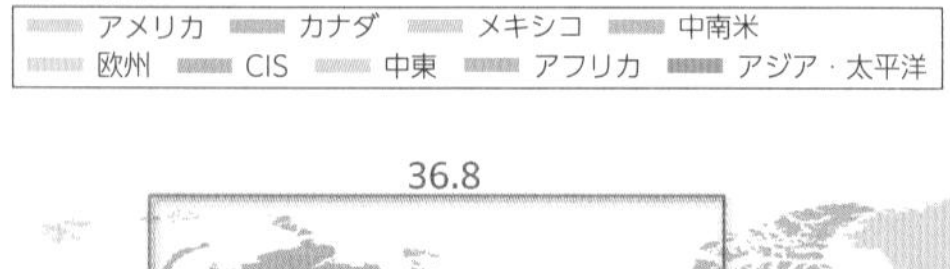


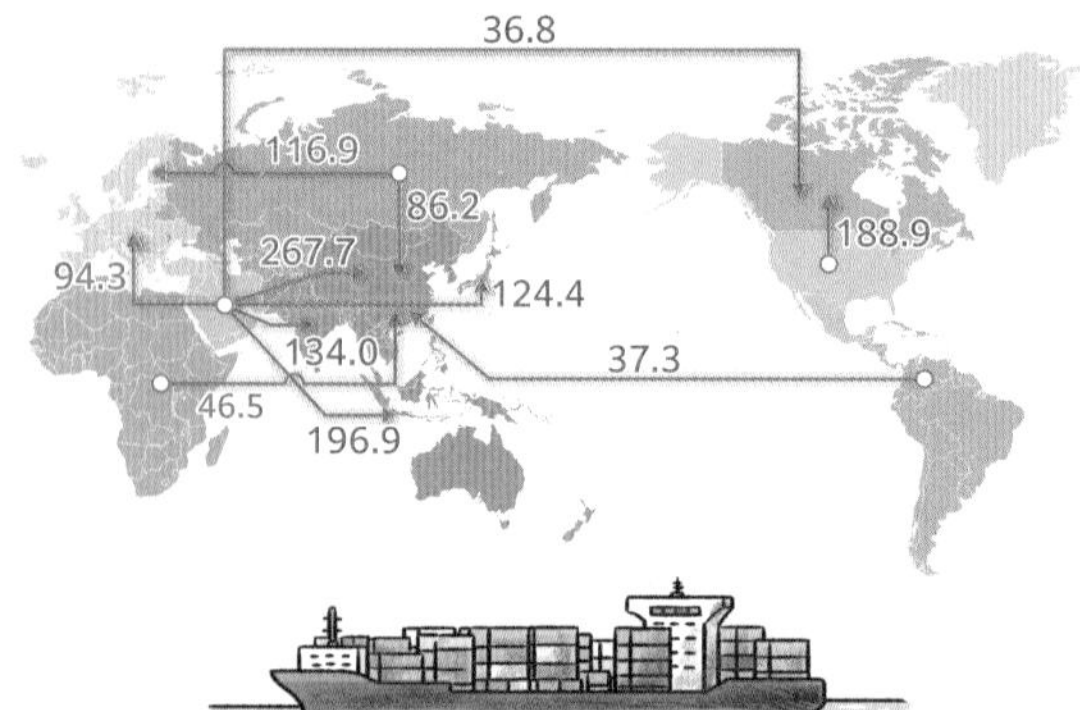


出典：Energy Institute（2023）Statistical Review of World Energy.

慮すると妥当です。

サウジアラビアの石油輸出先の変化（図B）をみると、1970〜1980年代、サウジアラビアの石油輸出先は西欧がかなりの割合を占めていました。アジア向けもありますが、当時はほとんどが日本向けでした。これが近年ではアジア向けが大半を占めるようになっています。

その要因は、1980年代に欧州地域での石油の開発が進んだこと、2010年代以降はアメリカが中東からの輸入を減少させていること、なにより21世紀に入って中国やインドが輸入量を急増させたことです。

いまやアジアは、サウジアラビアをふくむ中東産油国にとっての「お得意様」になっているのです。

## Ⓑ サウジアラビアの地域別石油輸出先

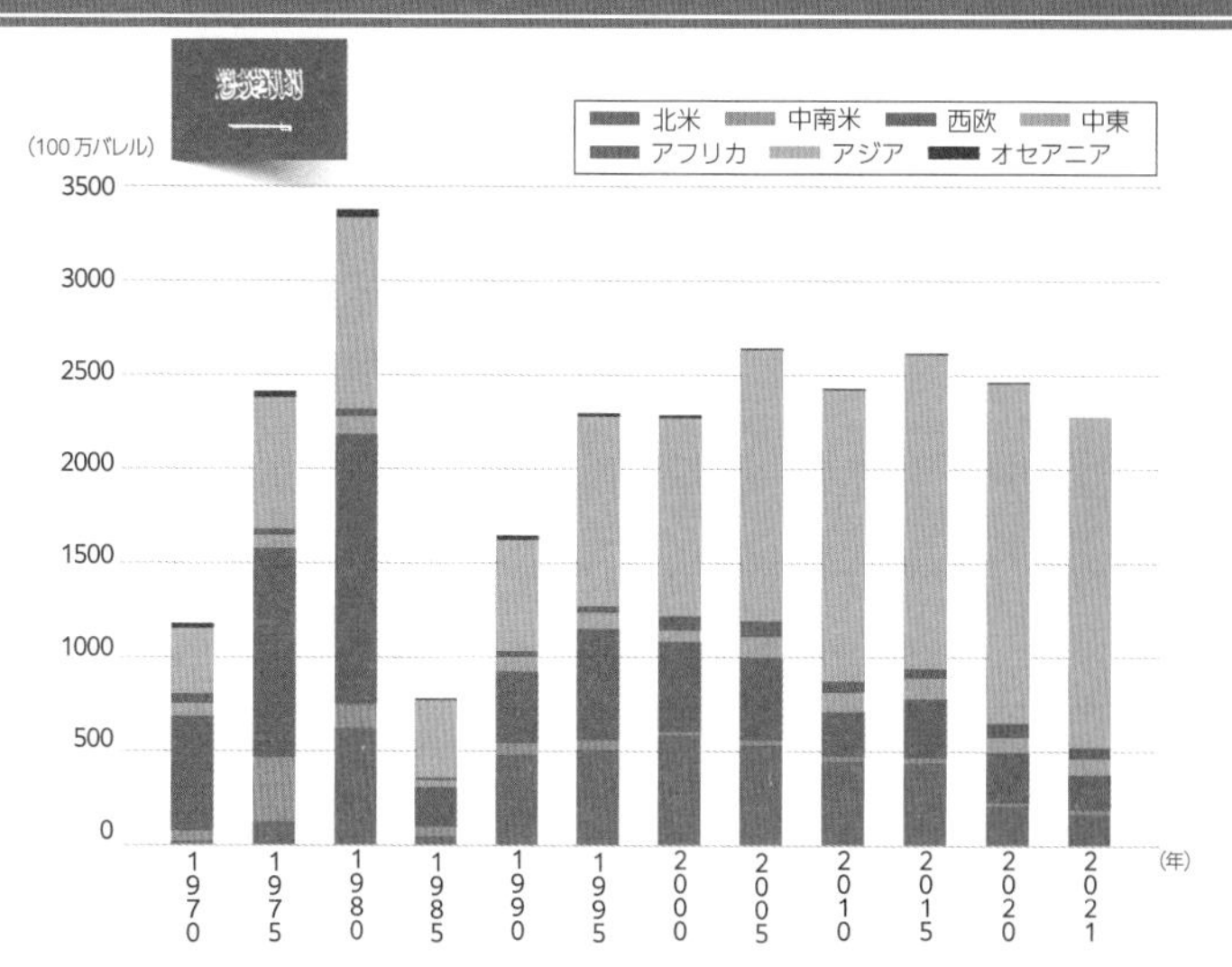


出典：Ministry of Industry and Mineral Resources, Saudi Arabia.

Part.2

# 天然ガスはあとどれくらい採れるのか？

天然ガスの確認埋蔵量はどのようになっているのでしょうか。

石油を採掘する際に同時に産出されるガスを随伴ガスと呼びます。随伴ガスと、天然ガス単独のガス田で世界最大のノース・フィールドの存在が中東の特徴です（図A）。このガス田はカタールとイランにまたがった地域のため、両国の確認埋蔵量は中東のなかでは際だって多いのです。

2020年末における主要産ガス国の確認埋蔵量は図Bのようになります。同時期、中東地域の石油の確認埋蔵量は48・3％です。それに比べ、天然ガスは40・3％と若

## Ⓐ ノース・フィールド

干シェアが低くなっていますが、それでも中東が世界の主要産ガス地域であることがわかります。

中東以外ではロシアやアメリカのシェアが高くなっています。中国も結構、ガス資源をもっています。中国が海上の天然ガス資源をめぐって近隣諸国と外交問題になっていることは周知のとおりです。

「採掘可能な残り年数」を意味するR／Pレシオについても、世界全体が48・8年のところ、中東全体で110・4年と世界でも存在感を示しています。

脱炭素化の流れのなかで、過渡期の化石燃料として天然ガスはその重要性を増しています。天然ガスにおいても、中東は世界に対する供給のカギを握る地域です。

### Ⓑ 主要産ガス国確認埋蔵量(2020年末)

| 国名 | 単位:兆㎥ | シェア | R/P レシオ |
|---|---|---|---|
| アメリカ | 12.6 | 6.7% | 13.8 |
| カナダ | 2.4 | 1.3% | 14.2 |
| ベネズエラ | 6.3 | 3.3% | 333.9 |
| ロシア | 37.4 | 19.9% | 58.6 |
| トルクメニスタン | 13.6 | 7.2% | 230.7 |
| イラン | 32.1 | 17.1% | 128 |
| イスラエル | 0.6 | 0.3% | 39.7 |
| クウェート | 1.7 | 0.9% | 113.2 |
| カタール | 24.7 | 13.1% | 144 |
| サウジアラビア | 6 | 3.2% | 53.7 |
| UAE | 5.9 | 3.2% | 107.1 |
| アルジェリア | 2.3 | 1.2% | 28 |
| オーストラリア | 2.4 | 1.3% | 16.8 |
| 中国 | 8.4 | 4.5% | 43.3 |
| うち中東※ | 75.8 | 40.3% | 110.4 |
| 世界合計 | 188.1 | 100% | 48.8 |

※中東にはアルジェリアなど北アフリカ諸国をふくまず
出典:BP(2021)Statistical Review of World Energy.

Part.2

# 天然ガスの生産量・消費量

石油よりも環境に負荷をかけないエネルギーとして天然ガスが注目され、ここ30年ほどで生産・消費量は倍増しています。

図A・Bは2022年の天然ガスの生産量と消費量を地域ごとにまとめたものです。天然ガスの生産地域としては、北米、ロシアなどのCIS、中東の3つが中心で、主要な生産国はそれぞれアメリカ、ロシア、イランとカタールです。生産量の推移でみると、北米と中東地域が直近30年で生産量を拡大させており、とくに中東は大きく拡大しています。

天然ガスはパイプラインを使うか、液化

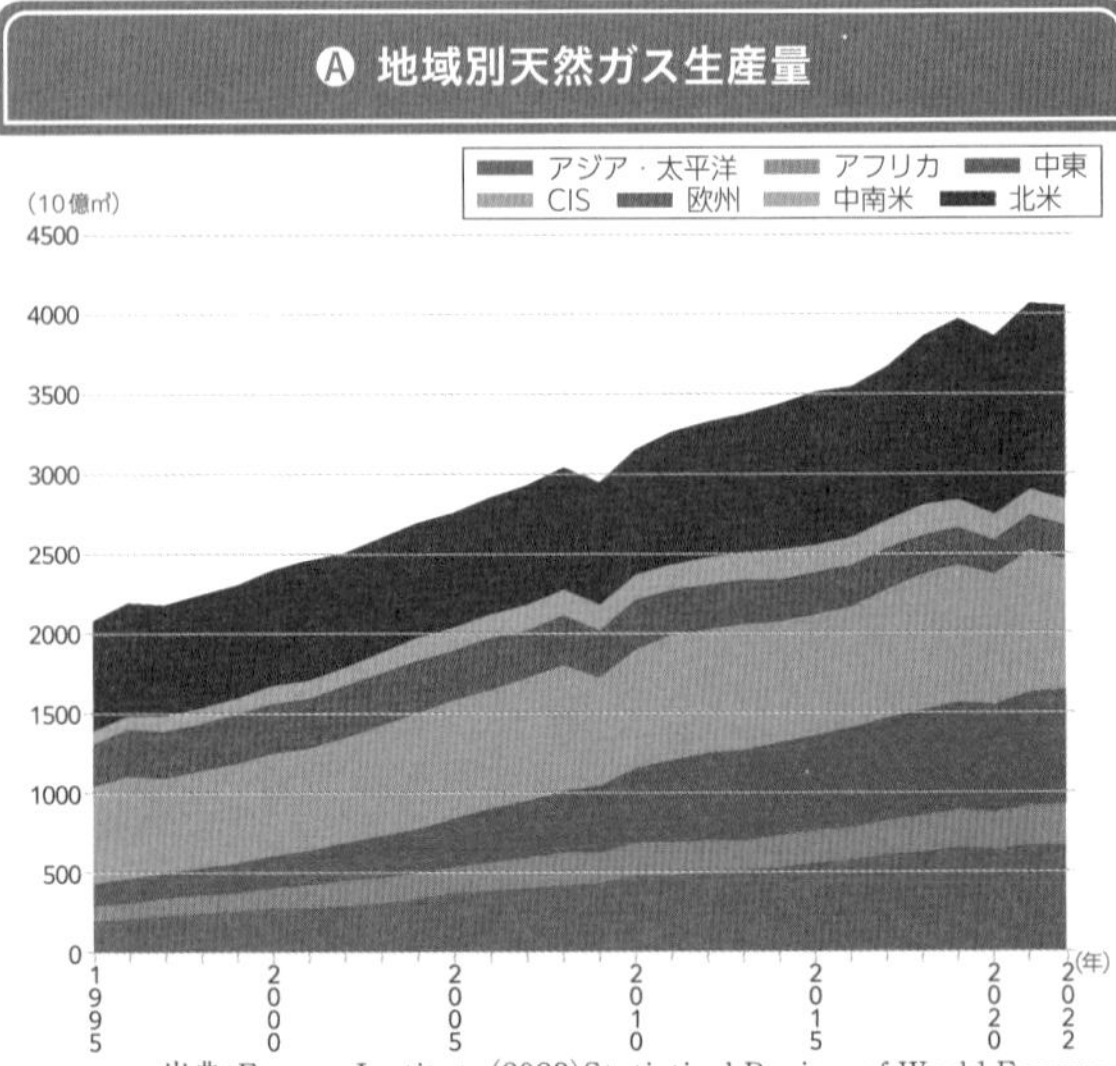


北米ではアメリカのシェール革命、中東ではカタールの天然ガス生産開始・拡大の要因が生産量に大きく寄与している。

して輸送されます。前者の場合は長距離の輸送が難しく、後者の場合はかなりコストが高くなるため、天然ガスの生産と消費は石油に比べて域内消費の傾向が強くなるのです。

欧州の場合は、近接するロシアからパイプラインで供給を受け、アジアの場合はおもに中東やロシアからLNGとして、そして一部はパイプラインでの供給を受けています。

日本では発電のために天然ガスを使用することが多く、欧州では産業での用途がほとんどです。また中東の産油国でも、自国で産出する天然ガスを用いて発電や海水の淡水化を行い、ガスではなく石油を輸出するパターンが多くみられます。

### Ⓑ 地域別天然ガス消費量

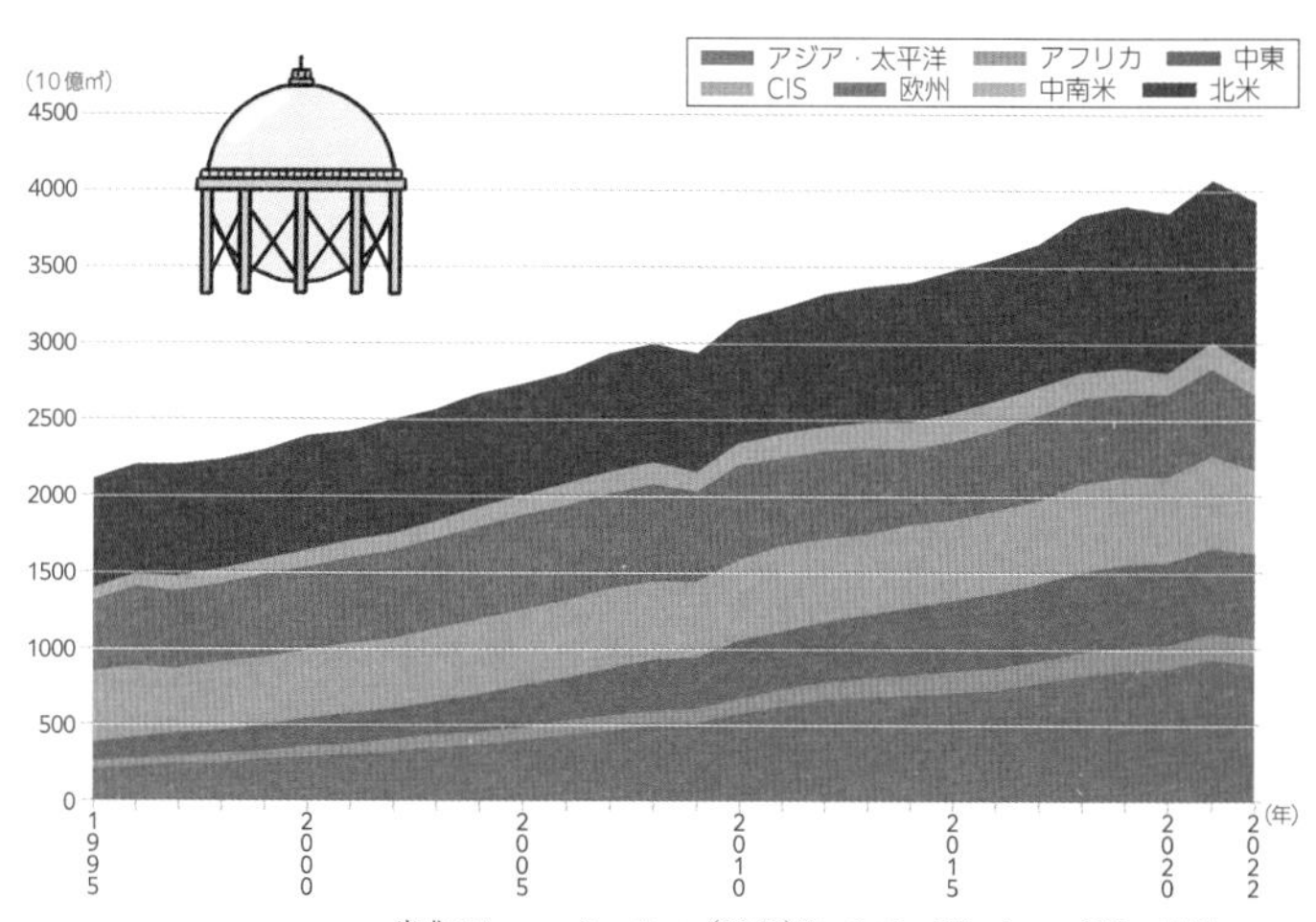


出典:Energy Institute(2023)Statistical Review of World Energy.

アジアと欧州では、生産量以上に消費されていることがわかる。

Part.2

# 世界最大の産ガス国もアメリカ

個別の国レベルでの天然ガス事情はどのようになっているのでしょうか。主要な天然ガス生産国の2022年の生産量（図A）をみると、首位がアメリカ、2位がロシア、3位にイランが入ります。カタールは、中国よりも生産量が少ない状況です。中東全体でも世界シェアが14・2％とロシアよりも低く、石油ほどは目立っていません。

生産量の推移を示した図Bからわかるように、以前からアメリカとロシアの生産量が突出していました。

1990～2000年代はロシアの生産量が多かったのですが、2010年代以降

Ⓐ 主要産ガス国生産量(2022年)

| 国名 | 10億㎥ | シェア |
|---|---|---|
| アメリカ | 978.6 | 24.2% |
| ロシア | 618.4 | 15.3% |
| うち中東※ | 560.6 | 14.2% |
| イラン | 259.4 | 6.4% |
| 中国 | 221.8 | 5.5% |
| カナダ | 185 | 4.6% |
| カタール | 178.4 | 4.4% |
| オーストラリア | 152.8 | 3.8% |
| ノルウェー | 122.8 | 3.0% |
| サウジアラビア | 120.4 | 3.0% |
| アルジェリア | 98.2 | 2.4% |
| UAE | 58 | 1.4% |
| 世界 | 4043.8 | 100% |

※中東にはアルジェリアなど北アフリカ諸国をふくまず
出典:Energy Institute(2023)Statistical Review of World Energy.

はアメリカがシェール革命によって生産量を格段に増加させています。

中東の天然ガスの場合、パイプラインで輸送できる地域が限られるため、LNGによる輸出が中心となります。2022年のカタールの場合、約25％が欧州向け（最大の輸出先はイギリス）、約7割がアジア向け（最大の輸出先は中国）です。一部はUAEへパイプラインで輸出しており、発電などに使用されています。

イランはLNGでの輸出はなく、国内消費以外はトルコなどの近隣国へパイプラインで輸出されています。LNG輸出で2006年から2020年まで世界首位だったカタールは、アメリカとオーストラリアに抜かれて世界3位になりました。

## Ⓑ 天然ガス生産上位国生産量推移

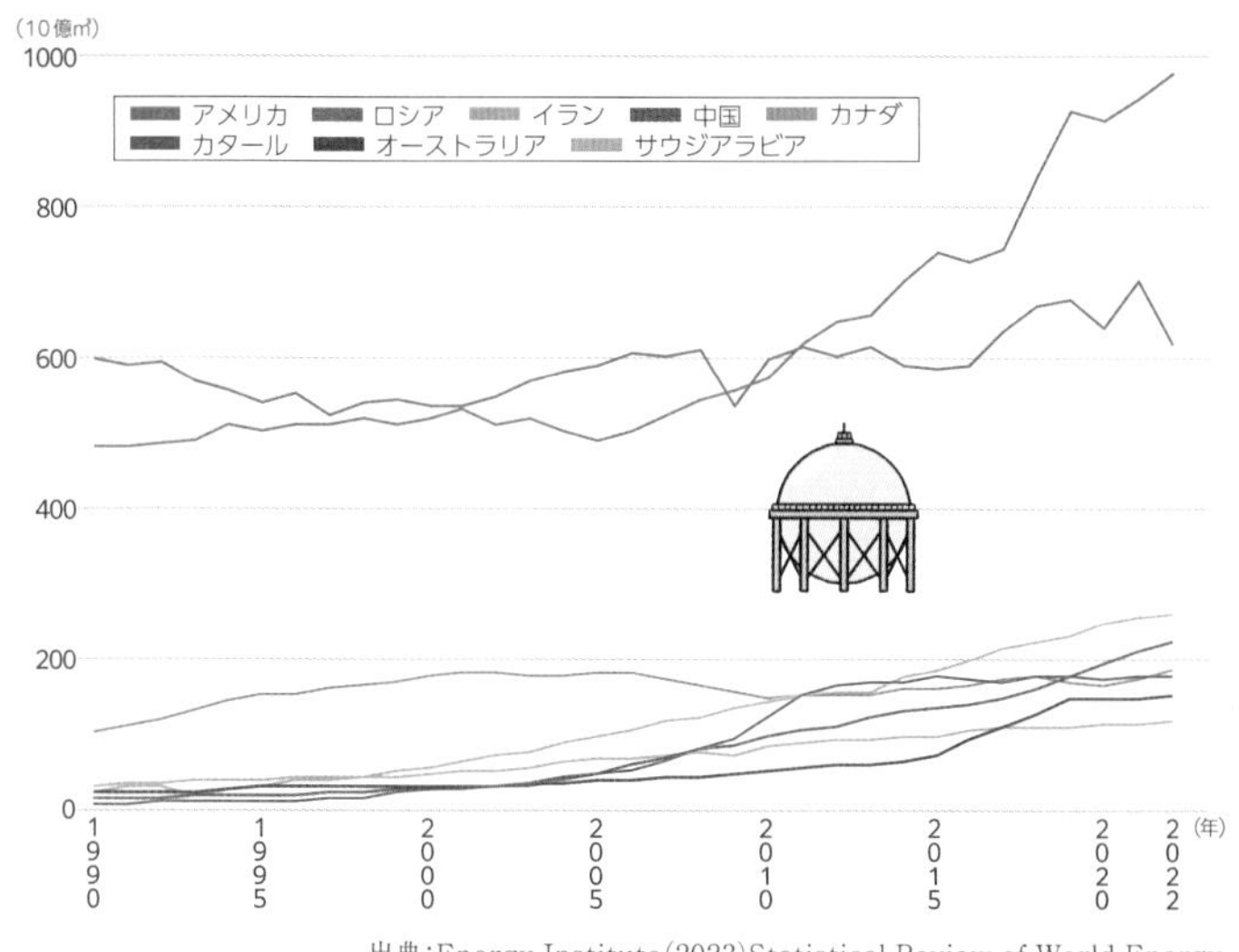


出典：Energy Institute(2023)Statistical Review of World Energy.

Part.2

# 日本の石油中東依存度は9割超

日本のエネルギー問題の大きな課題が、石油輸入を中東に過度に依存していることです。日本の石油の中東依存度の推移をみると、1970年代の第一次石油危機前、日本の石油中東依存率は9割を超えていました。1973年の第四次中東戦争で、OAPECはイスラエル支援国に対して石油禁輸措置を発動し、アメリカとオランダが禁輸対象国になります。日本もアメリカの同盟国として輸出量を削減されました。

石油を中東に大きく依存していた日本は、慌ててアラブ寄りの姿勢を表明し、各国に説明して回ります。この動きは、マスコミ

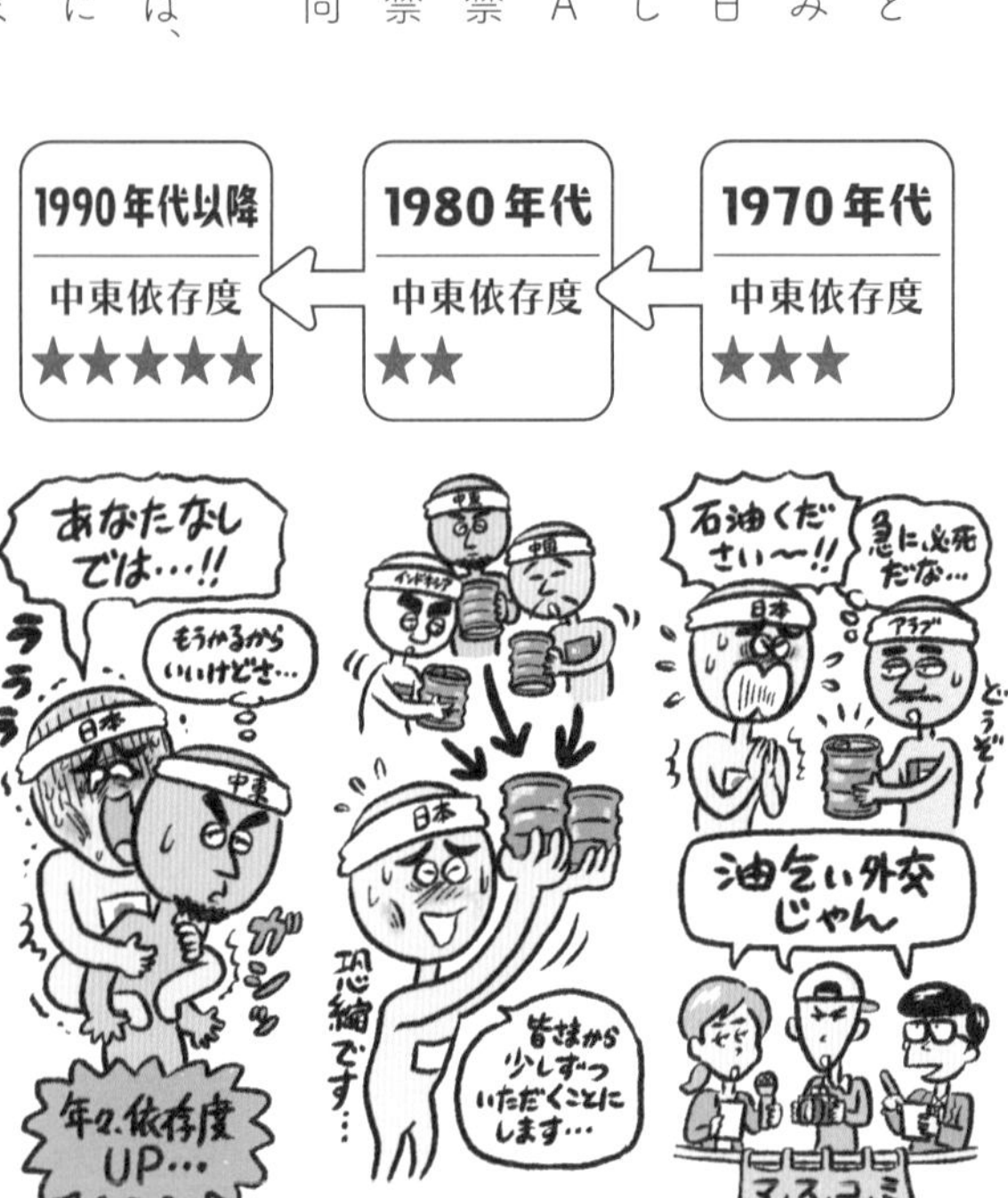

から「油乞い外交」と酷評されました。

この経験から、石油の中東依存を低下させ、インドネシアや中国など供給国を分散させる取り組みがはじまります。その成果もあり、1987年度には中東依存度が67・9%にまで低下しました。

しかし、アジア諸国の経済発展により自国産の石油を輸出しなくなり、1990年代以降、中東依存度がふたたび高くなっていきます。供給先を分散するためにロシアからの輸入にも取り組みましたが、2022年からのロシア・ウクライナ戦争より輸入できなくなりました。

日本の石油確保にとって中東との良好な関係を構築することこそ、最大の政策課題となります。

## 日本の石油中東依存率の推移

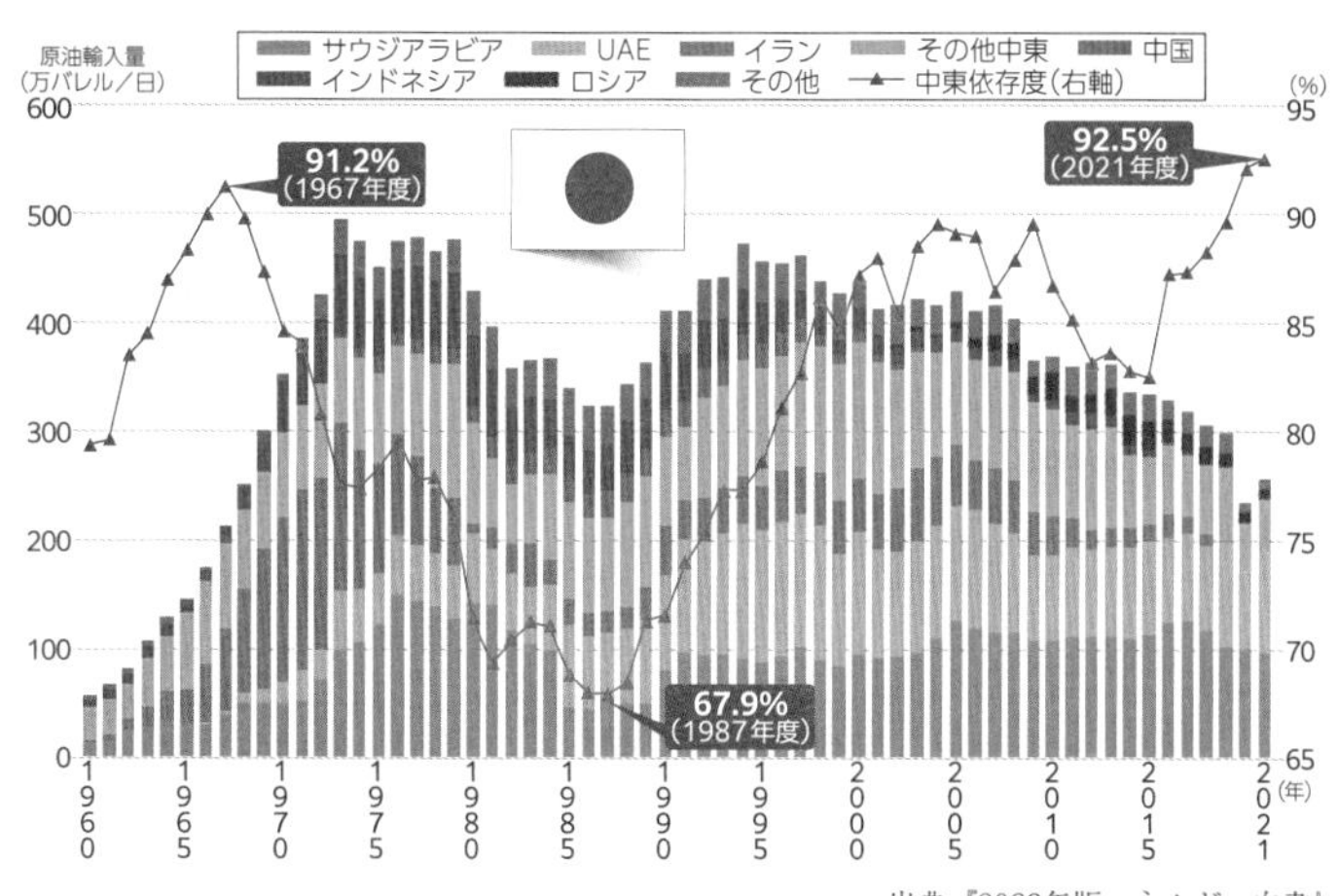


出典:『2023年版エネルギー白書』

なお、2023年は95・1%(2024年2月末時点の速報値)となり、第一次石油危機前の中東依存度より高くなっている。

Part.2

# アジア主要国の石油中東依存度

アジア諸国の石油中東依存度はどのようになっているのでしょうか。2023年の日本、韓国、中国、インドの石油輸入先（図A・B）をみると、中東依存度が9割を超えている日本は2023年に石油危機前を超える過去最高の水準に達しています。

韓国の中東依存度は68・3%です。かつては中東依存度が高かったのですが、近年はアメリカから輸入することで、7割弱程度にまで低下しています。アメリカの主要な石油輸出先は韓国、オランダ、イギリスなどです。韓国は同盟国でありFTA締結国でもあるため、アメリカの意向にそった

Ⓐ 日本と韓国の中東依存度

日本の石油輸入先（2023年）

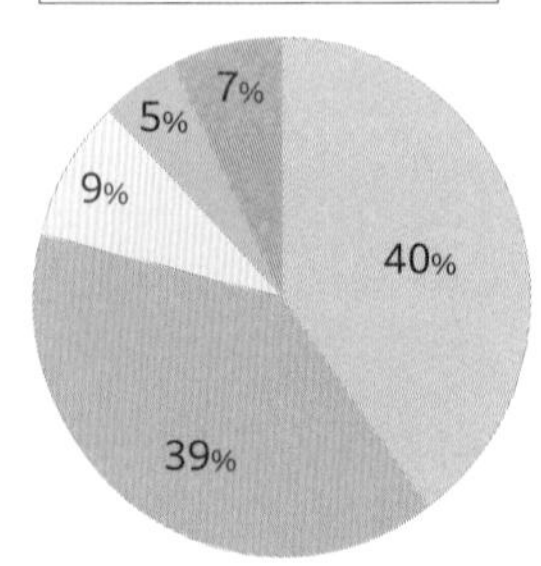

中東依存度
95.1%

出典：MEES, 2FEB2024

韓国の石油輸入先（2023年）

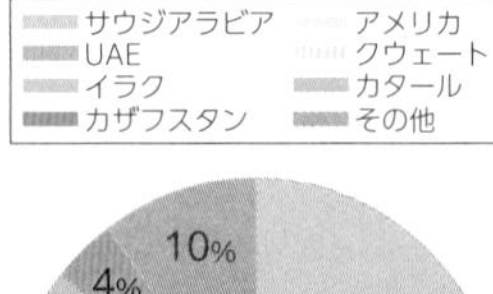


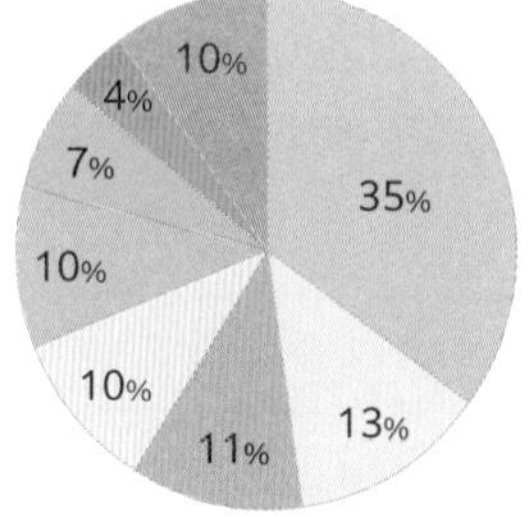

中東依存度
68.3%

出典：MEES, 19JAN2024

存在です。

中国の中東依存度は46・4%で、ロシア、マレーシア、ブラジルからの輸入によって中東への依存度を低下させています。依存度46・3%のインドは、旧ソ連時代よりロシアからの輸入が多く、供給地域を分散させています。

このようにアジア主要国の状況を比較すると、日本の中東依存度の高さが際立ちます。ただし、日本の天然ガス輸入はそれほど中東に依存しているわけではありません。アメリカから石油輸入ができるよう同国に要望していますが、2023年末時点では実現していません。

日本の調達先多様化のカギを握るのは、アメリカの意向次第なのかもしれません。

### Ⓑ 中国とインドの中東依存度

**中国の石油輸入先（2023年）**

ロシア　サウジアラビア　イラク
マレーシア　UAE　オマーン
ブラジル　アンゴラ　クウェート
その他

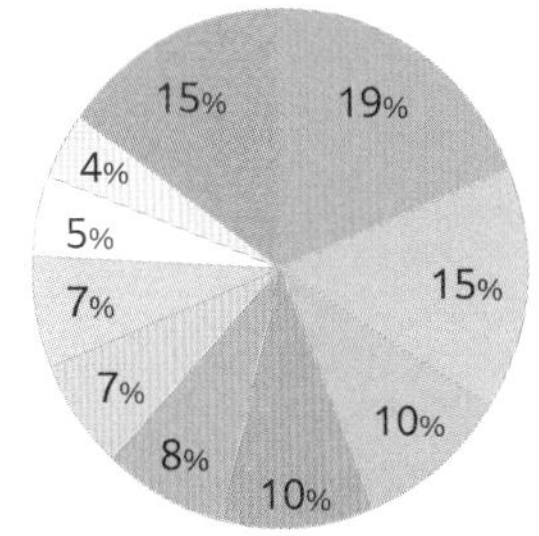


中東依存度
46.4%

出典：MEES, 26JAN2024

**インドの石油輸入先（2023年）**

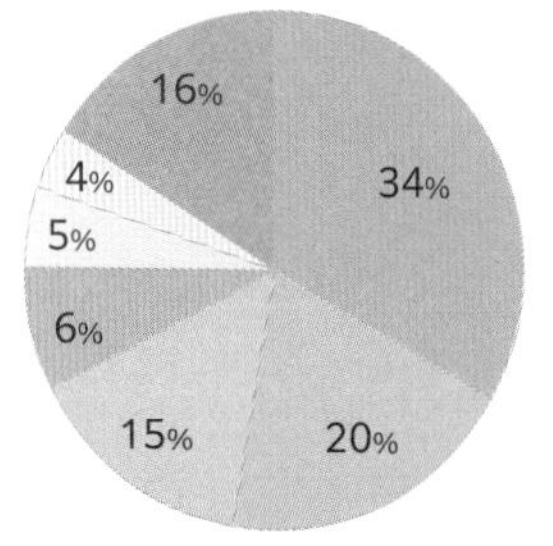

出典：MEES, 23FEB2024

Part.2

# 石油市場における中東の重要性

１９８０年代以降、石油価格は「市場」で決定するようになりましたが、いまもその市場に圧力をかけることができる存在が中東、とくにサウジアラビアです。

まず、中東は１９７０年代にメジャーから産油国に石油の支配権を取り戻しています。その力は長くは続きませんでしたが、中東はかつて石油価格を上昇させることに成功しました。近年ではアメリカの生産量が増大しているとはいえ、世界の石油生産の約４割を占める中東は、石油市場に極めて大きな影響を与える存在です。

さらに、サウジアラビアの意向・一存で石油価格は上下します。近年、サウジアラビアは「ＯＰＥＣプラス」を結成して石油市場への発言力をさらに高めようとしています。

なにより、石油資源は中東に「偏在」しています。その中東の石油は低コスト生産が可能で、生産能力も高く、埋蔵量も豊富です。世界が脱炭素への取り組みを強化しているなかでも、中東は国家・国営石油会社が権限を有し、最後まで石油投資を続けることができます。これも消費側からすると、石油を中東に頼らざるをえない要因になっています。

脱炭素化がどこまでシナリオどおりに進むかはわかりませんが、世界が中東の石油への依存を強めることはほぼまちがいないでしょう。

❷世界における中東地域の生産シェアと余力の大きさ

❸石油市場におけるサウジアラビアの大きな影響力

❹中東に偏在する石油資源

低コスト ＋ 高生産能力 ＋ 豊富な埋蔵量

中東経済こぼれ話❸

## 中東の統計の信頼性

中東経済を考える際につきあたる大きな壁のひとつが、「統計の信頼性」です。日本でも2018年に重要な指標である毎月勤労統計の不正発覚が大きな問題になったように、どの国の統計でも「完璧」はありません。

しかし、中東の場合は統計がない、信頼性に疑問符がつくなど、統計のあつかいには苦労させられます。途上国でもほかの多くの国はもっとまともです。

石油の埋蔵量については各国が詳細なデータを公表しません。

あとどれくらい石油があるのかがわかると、その国の石油政策の手の内を明かすことにつながるので、明らかにされないのです。

貿易データについては、相手国側の統計からたどることができるため比較的正確ですが、突如として項目などを変更して連続性が途切れてしまう場合もあり、文句に事欠きません。最悪の場合、（都合が悪くなるからなのか）突然公表を取りやめるというケースもあります。

1970年代のオイル・ブーム期、統計が未発達だったサウジアラビアに対してアメリカは統計の手ほどきを行いました。

同時にアメリカはオイルマネーを中東から還流させるためにアメリカ国債を秘匿して購入することを認めました。ここに中東側の秘匿体質が生じるようになったのではないかと考えられます。

いかにも中東的なご都合主義ではありますが、統計データをしっかりと公表しないことには、外国投資家は信頼しません。改善の余地は多々残されています。

# Part.3

# オイルマネーの循環

Part.3

# 中東経済でもっとも重要なのは石油価格

中東の経済成長（景気動向）と石油価格はリンクしています。1970年代以降の中東産原油の指標であるドバイの原油価格（図A）をみると、2000年代前半と2010年代前半が高価格、1980年代後半から1990年代と2015年ごろが低価格だったといえます。

図Bは、産油国の代表としてサウジアラビアとUAE、非産油国の代表としてヨルダンとエジプトのGDP実質成長率の推移です。石油危機により急激に石油価格が上昇した1970年代に、産油国は高い成長率を記録しました。それが低価格の時代だ

Ⓐ ドバイ原油価格

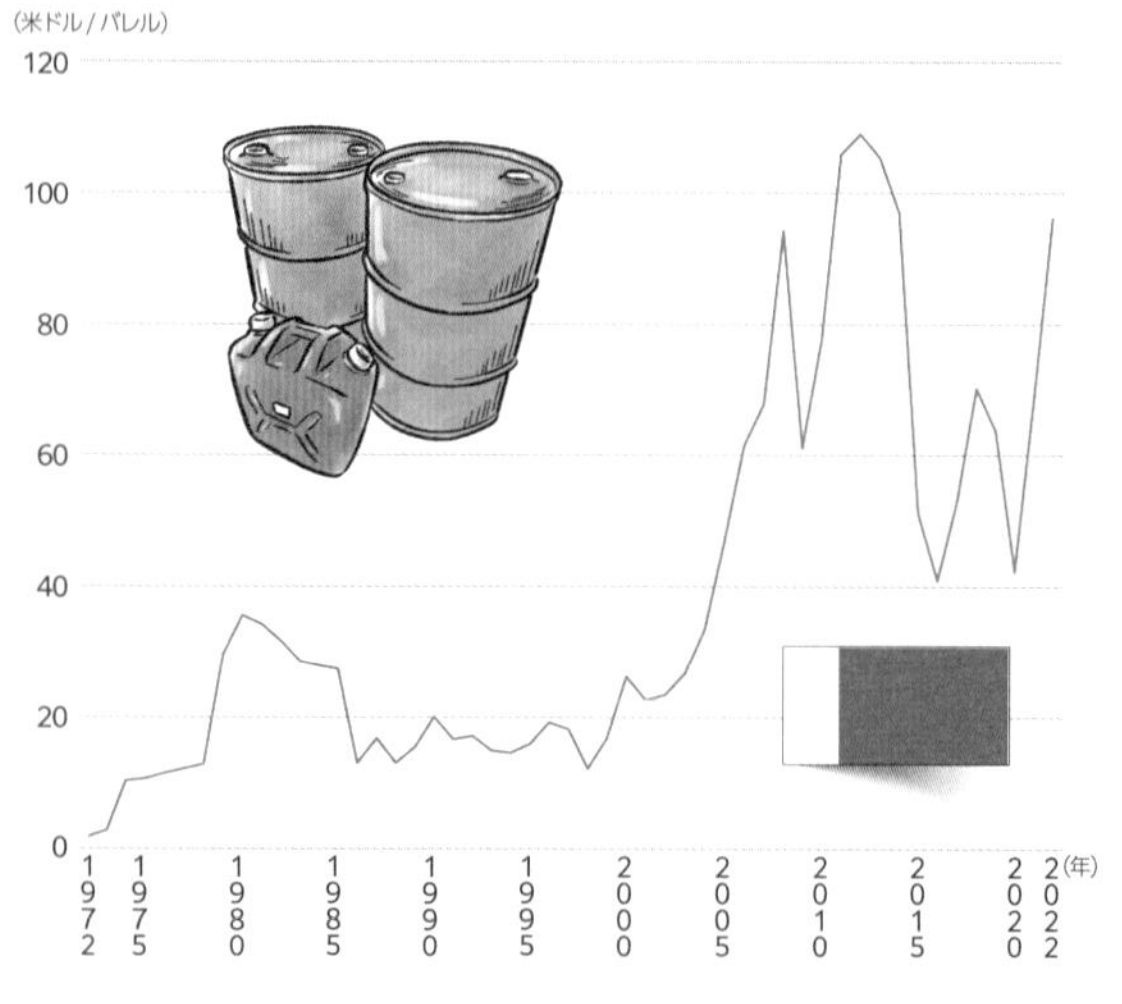


出典：Energy institute(2023)Statistical Review of World Energy.

った1980年代には低成長率に一転します。とくにサウジアラビアがスウィング・プロデューサー役を放棄する前の1980年代前半は、自国の経済成長を犠牲にした時期といえます。

21世紀に入ってからも石油価格が高い時期には高成長、低い時期には低成長の傾向がみられます。非産油国の経済成長率も石油価格の動向に左右されますが、産油国ほどではありません。

2008年に発生したリーマンショックは世界経済に大打撃を与えましたが、中東の場合はこの直後に発生した石油価格の大暴落による影響はより大きいものがありました。中東経済の動向を考えるうえで、石油価格は欠かせない要素なのです。

## Ⓑ GDP成長率

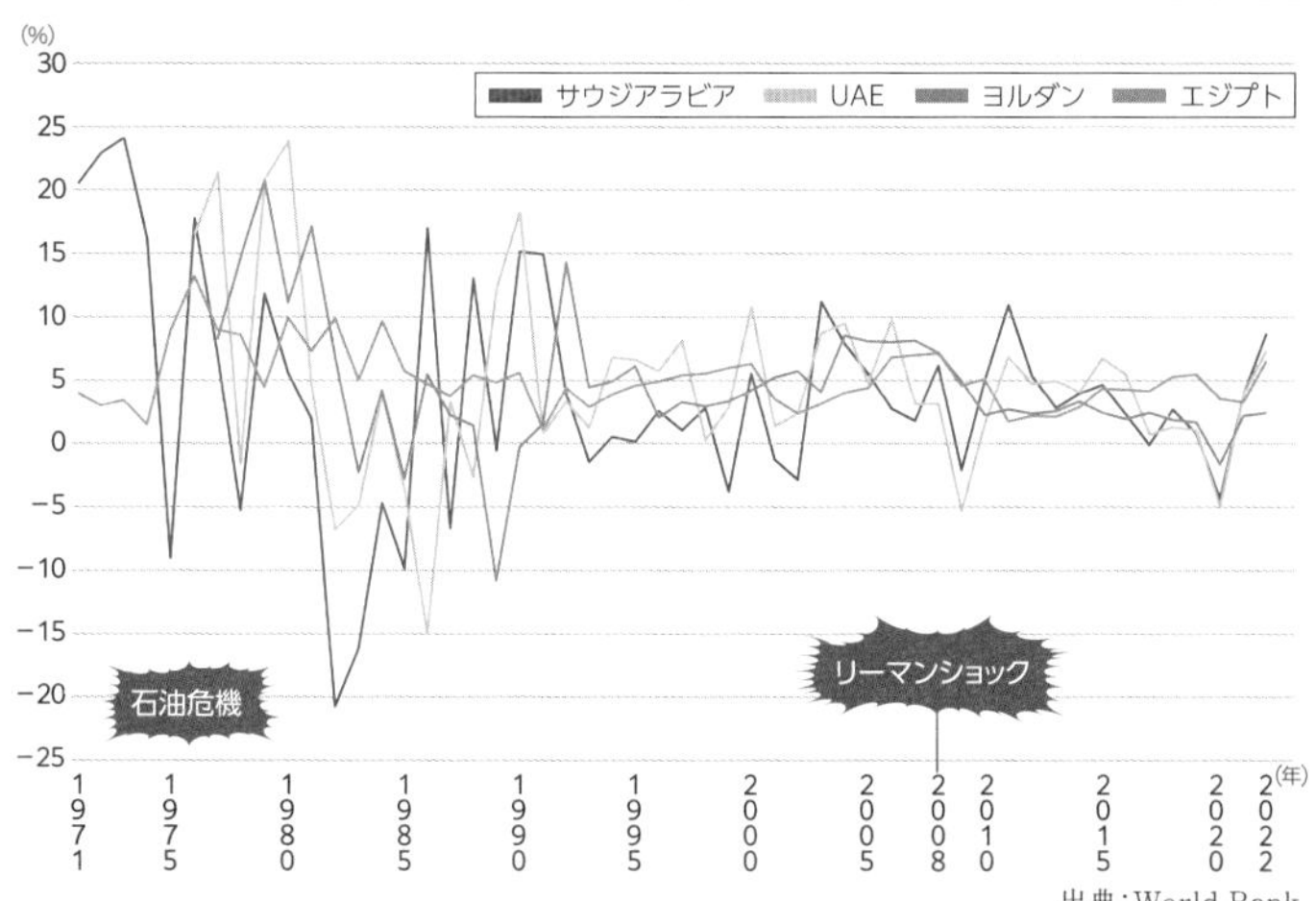


出典：World Bank.

産油国の代表としてサウジアラビアとUAE、非産油国の代表としてヨルダンとエジプトのGDP成長率の推移。

Part.3

# 中東産油国の財政の柱は石油

中東産油国のなかでも、とくにＧＣＣ諸国の国家財政は石油に依存しています。国によって差はありますが、おおむね歳入の半分以上は石油・ガスによる収入です（図Ａ）。とくに、クウェートの石油収入依存度は約９割となります。また、石油価格が高くなると石油収入依存度が高くなり、低くなると依存度も低くなる傾向があります。

ＧＣＣ諸国は民間部門があまり発達しておらず、経済活動は政府または国営企業・政府系企業が行う大規模開発プロジェクトや公共事業に依存しています。そのため油価が低くなって国家歳入が減ると、経済活

Ⓐ 歳入に占める石油収入の割合

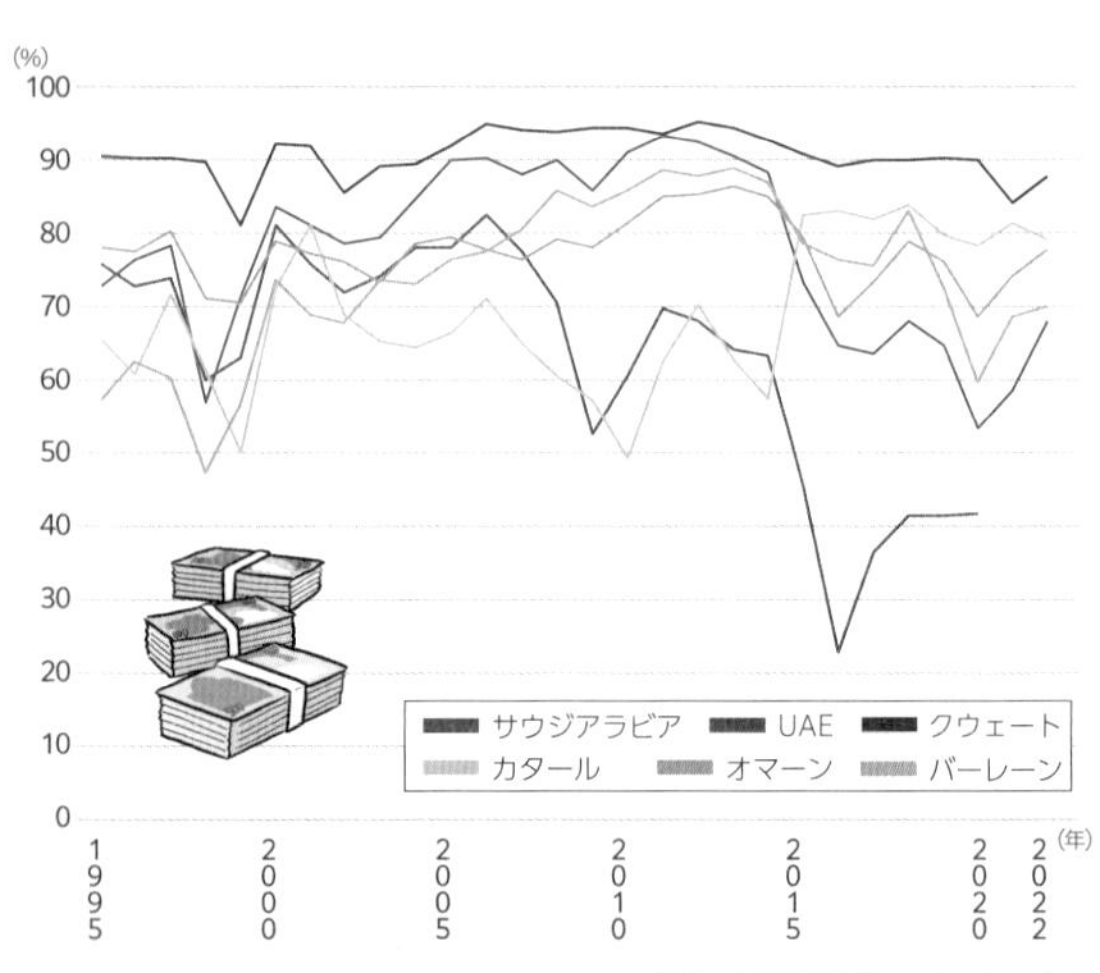


出典：各国財務省のデータによる

UAEのデータは、2020年を最後に公表されなくなった。

動が停滞してしまうのです。

GCC諸国の歳入の特徴として、石油収入への依存と、税収の割合の低さが挙げられます。税収の割合（図B）をみると、サウジアラビアなど4カ国の税収割合は非産油中東諸国に比べて低くなっています。

通常、国家は国民に税を課し、その税収をもとに国家財政を運営します。ところがGCC諸国では莫大な石油収入があるため国民に賦課せず、国家財政が成り立ちます。たとえばクウェートの歳入に占める税収割合は2・5％ですが、税収総額のうち6割超が関税収入で、国民（企業）に対する課税はほぼありません。この国民に対する税が存在しない点が、GCC諸国の政治経済システムを考えるうえで極めて重要なのです。

## Ⓑ 国家歳入の税収割合（2022年）

|  |  |
|---|---|
| トルコ | 84.0% |
| エジプト | 73.6% |
| アメリカ | 71.7% |
| イラン | 71.5% |
| 日本 | 39.6% |
| サウジアラビア | 25.5% |
| バーレーン | 25.0% |
| オマーン※ | 11.3% |
| クウェート | 2.5% |

出典：各国財務省のデータによる

※オマーンは2021年の値

Part.3

# サウジアラビアの財政はラクじゃない

世界有数の産油国として多額の石油収入があるサウジアラビアは、一般的に「豊かな産油国」というイメージがあるかもしれません。実際、政府の懐事情はどうなっているのでしょうか？

サウジアラビアの財政状況は、石油収入に大きく依存しています。石油価格が低迷していた1980～1990年代は財政赤字で、逆に石油価格が高かった2000年代は財政黒字の年が多くなりました(図A)。

2015年以降は毎年のようにこれまでにない額の財政赤字を記録しています。石油価格と財政支出の状況によりますが、「財

Ⓐ サウジアラビアの財政収支

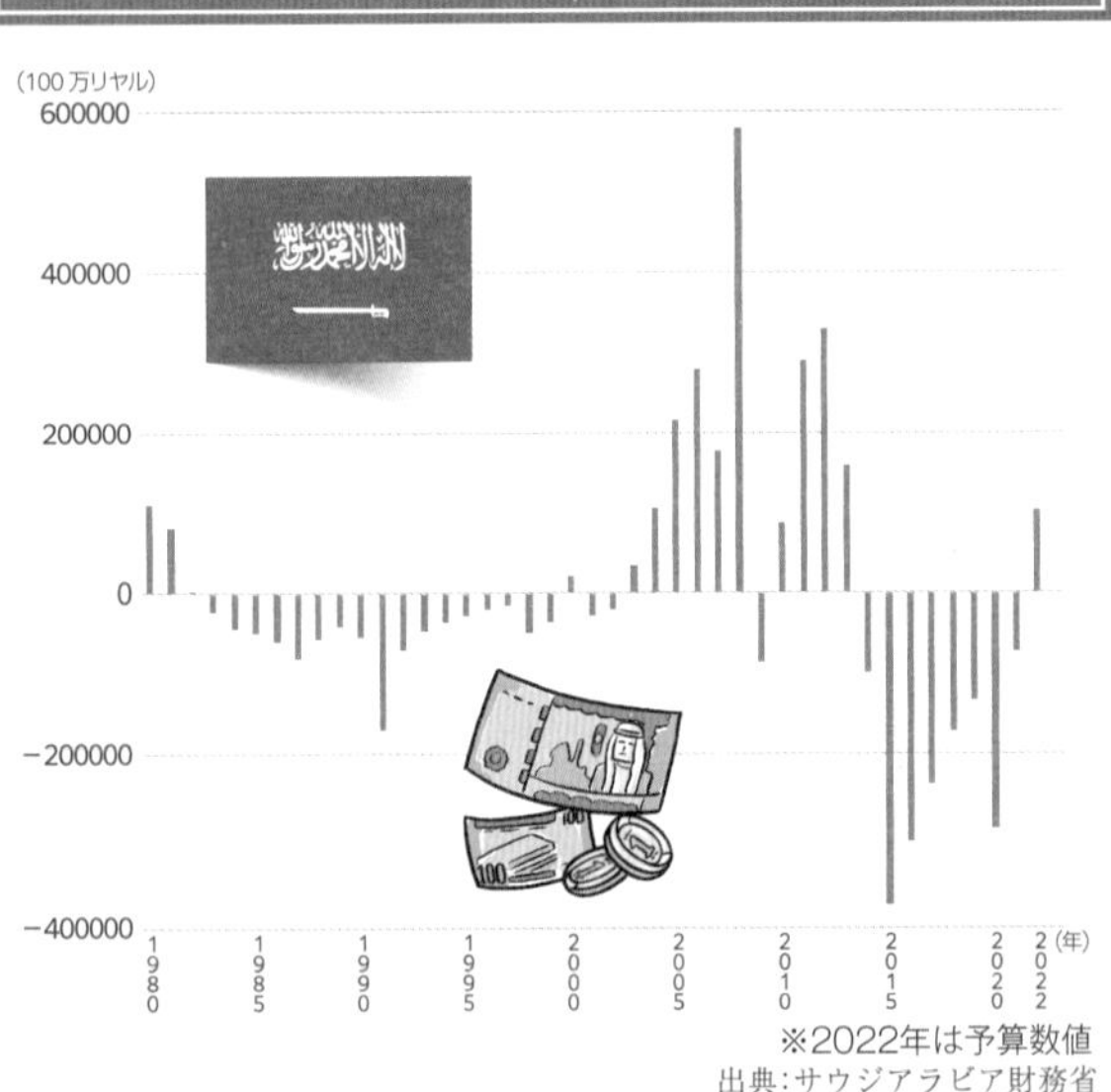


※2022年は予算数値
出典：サウジアラビア財務省

政赤字」が目立っており、財政が「豊かな」国とはいえません。

ＩＭＦが各国の財政が均衡するために必要な石油価格を発表しています（図Ｂ）。これによると、サウジアラビアが２０２２年の国家予算で均衡するための価格は87・９ドルでした。

同年の年間平均石油価格は96・38ドル（中東産原油の価格指標となるドバイ原油）で、想定価格を上回っていましたが、実際は歳出が多く７３４億リヤルの財政赤字でした。

カタールやＵＡＥは、比較的低い価格でも国家財政が耐えられる傾向があります。国家財政の多くを石油収入に依存しているため、中東産油国には石油価格を高くしたいという思惑があるのです。

### Ⓑ 財政均衡のために必要な石油価格

（単位：米ドル）

| 国名 | 2000－2019年平均 | 2020年 | 2021年 | 2022年 | 2023年（推計） | 2024年（推計） |
|---|---|---|---|---|---|---|
| アルジェリア | 102.1 | 89.6 | 111.4 | 109.8 | 118.3 | 145.1 |
| バーレーン | 83.2 | 120.6 | 131.6 | 136.5 | 108.3 | 96.9 |
| イラン | 85.6 | 546.5 | 272.3 | 268.5 | 307.4 | 317.4 |
| イラク | 75.8 | 56.6 | 53.3 | 70.6 | 97.7 | 97.9 |
| クウェート | 47.0 | 76.6 | 69.1 | 49.0 | 64.8 | 63.8 |
| リビア | 71.7 | 141.7 | 52.2 | 68.0 | 68.2 | 64.3 |
| オマーン | 69.1 | 86.4 | 76.7 | 62.7 | 54.3 | 54.8 |
| カタール | 45.1 | 49.3 | 47.0 | 45.3 | 45.5 | 42.2 |
| サウジアラビア | 80.4 | 76.3 | 83.6 | 87.9 | 85.8 | 79.7 |
| UAE | 50.0 | 51.7 | 53.0 | 46.4 | 56.0 | 58.3 |

出典：IMF（2023）Regional Economic Outlook Middle East and Central Asia 2023OCT.

Part.3

# レンティア国家とは？

世界中の多くの国は税収をもとに国家財政を運営しますが、湾岸産油国では97頁でみたように税収の割合は少なく、石油収入が大半を占めます。

石油収入は、外国に石油を販売した対価として得られるものです。悪くいえば、湾岸産油国は外国からの収入に依存しているともいえるのです。

湾岸産油国の政府は、国営の石油会社を通じて販売した石油の収入を得ますが、政府自体は生産的な活動はしていません。

その意味で、石油収入は外国からの「地代（レント）」です。この「地代」収入を国民に対し

て分配することが湾岸産油国の政府の役割となります。そのため、必然的に政府の経済活動への関与は大きくなります。

湾岸産油国の政府は、生産的な活動を行わず対価を受けとる、いわば「地主」です。みずから生産的な活動をせず、外国からの地代収入に依存した国家のことを「レンティア国家」と呼びます。

レンティア国家について書かれた著作では、エジプトの経済学者ハーゼム・ベヴラウィーとイタリアのエネルギー学者ギアコモ・ルチアーニらによる『レンティア国家』（1987年出版）が有名です。中東の政治経済システムをよくとらえた著作として知られています。

ちなみにベヴラウィーは「アラブの春」のあと、エジプト財務相や首相も務めました。

# 「課税なくして代表なし」

**マックス・ウェーバー**
(1864〜1920)
ドイツの社会学者。政治体制の根拠である「支配の正当性」について、伝統的支配、カリスマ的支配、合法的支配の3つに分類し、近代化にともなって伝統的支配から合法的支配に変化していくことを説明した。国家の政権を考えると、サウジアラビアなどの湾岸諸国では伝統的支配が現在も継続されているといえる。

アメリカ独立戦争時、「代表なくして課税なし」という有名なフレーズがありました。アメリカ側代表者不在の宗主国のイギリス議会にはアメリカに課税する権利がない、つまり税を課すならば選挙に参加させよ、という意味です。

マックス・ウェーバーは、「支配の正当性」という概念を説いています。日本やアメリカなど多くの国では、選挙によって国民が政権を選択することで、支配の正当性が成立していると考えます。

GCC6カ国のうち、国民が直接選挙を行って議員を選出する議会をもつのはクウ

ェートのみです。残り5カ国には議会がなく（決定権のない諮問議会のようなものはあります）、政治体制で区分する場合、王が支配する絶対王制の国にあたります。

これらの国にとっての支配の正当性は、国民に対する「石油収入（地代）の分配」です。これは、国民に課税せず石油収入を分配して暮らしを保障する代わりに、選挙はなく、王族による支配を承認するという社会契約です。

そのため、国民に税を課すことができず税収は少なくなります。たまたま石油収入で国民の不満を解消できたため、いまでも絶対王制を継続できています。

「課税なくして代表なし」、これが湾岸産油国の大きな特徴です。

Part.3

# レンティア国家における石油収入の循環

石油収入を国民に分配することが湾岸産油国（GCC6カ国）における政府の役割です。

イラストで、産油国政府に入った石油収入がどのように分配されるかを示しています。国民に対しては、公務員として雇用しその給与という形で分配されます。また、医療や教育など充実した福祉政策を用意しています。さらに、エネルギー費などに対して補助金を出し、国民の支出を抑えています。これらの優遇は国籍保持者に対してのみ行われます。なお、個人に対する所得税は存在しません（2024年現在）。

企業に対しては、これらの国においておもだった企業は国営企業や政府系企業であり、国家が関与します。また、補助金の投入もあり、極論それらの企業が経営不振におちいっても延命されます。一部の業種を除き法人税は存在しません（2023年からUAEでは法人税が導入されています）。

また、国家は大規模なインフラ整備を通じ、国民や企業に対して還元されます。多くの外国人労働者を抱えている湾岸産油国には、その労働者の送金を通じて国外にも石油収入が還流します。さらに、余ったぶんの資金は国外に投資資金としても流れていきます。石油収入の分配を基盤とする「国家丸抱えの経済構造」が、レンティア国家である湾岸産油国の特徴です。

FOREIGN BANK
海外運用
石油収入
余剰資金
海外送金
外国人労働者
産油国政府
インフラ整備
・経営関与
・補助金
・給与
・福祉政策
・補助金
石油など一部業種を除き法人税なし
企業
国民
個人に対する所得税なし

Part.3

# みんな公務員

自国民を公務員として雇用することが、石油収入の分配手段です。詳細なデータを公表しているのがクウェートのみなので、同国を例にとって説明します。

図Aのように、クウェート人の就業者は公的部門（＝公務員）に集中しています。民間部門で就業しているクウェート人はとても少ないのです。

急速に経済が発展しはじめた1970年代には雇用の場がなかったため、公務員に集中していました。雇用の場が広がった現在でも公務員志向が強い理由として、民間との待遇のちがいが挙げられます。

## Ⓐ クウェートの国籍別就業者数(2022年)

| | 総数 | クウェート人 | 非クウェート人 | クウェート人割合 |
|---|---|---|---|---|
| 公的部門 | 45万7149人 | 36万6238人 | 9万911人 | 80.1% |
| 民間部門 | 145万8716人 | 7万2321人 | 138万6395人 | 5.0% |

出典:Central Statistical Bureau, Kuwait.

| 就業者数のクウェート人割合 |
|---|
| 約24% |

図Bでクウェートの平均月収を示していますが、クウェート人の公的部門と民間部門で25クウェート・ディナールほど給与水準に差があります。給与だけではなく、休暇や福利厚生といった面でも、公的部門の待遇が勝っています。

「民間企業では働いていられない」というのが、自国民の本音でしょう。民間企業側も、外国人を雇用しやすい環境であるため、同じ仕事内容であればコストがかからず、かつ能力の高い外国人雇用を選びます。

こうして、だれもが公務員で、職務によるものの高給取りになる状況が生まれてしまいました。クウェートを例に説明しましたが、GCC諸国で似たような状況がみられます。

### Ⓑ クウェートの平均月収(2022年)

単位：クウェート・ディナール

| | 公的部門 | 民間部門 |
|---|---|---|
| クウェート人 | 1,555 | 1,297 |
| 非クウェート人 | 742 | 322 |

出典:Central Statistical Bureau

男女間の賃金格差も存在し、クウェート人男性の場合はより平均額が高くなる。1クウェート・ディナール（KWD）＝約500円（2024年4月時点のレート）。

# 国が相手じゃ勝負にならない

石油ブームが起こった1970年代以前、湾岸産油国では産業が未発達で、国家主導の経済開発が進められてきました。そのため現在も国の基幹産業を担う企業は国営企業や政府系企業です。

たとえばUAEやカタールでは、エミレーツ航空やカタール航空、エミレーツ・グローバル・アルミニウム（UAEのアルミ精錬企業）など、世界的な競争力をもつ企業もあらわれています。

国営企業では、一般的に政府から経営に口出しされ、結果的に財務状況が悪化して政府から補填を受けることがよくあります。

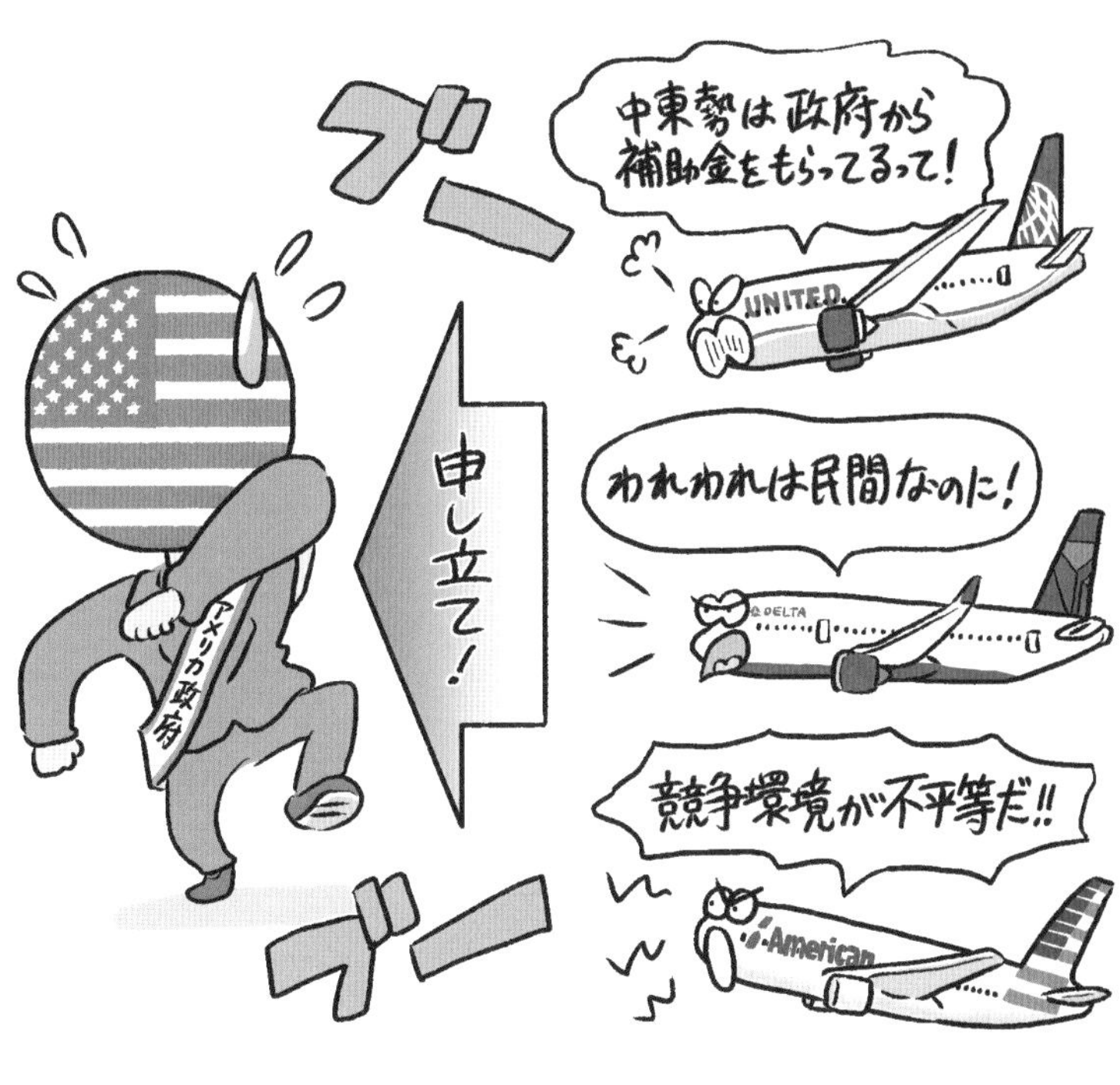


湾岸産油国の場合、レンティア国家としてのしくみがあるので経営が悪化しても石油収入で補えます。

石油収入が国営企業の競争力を強化し、民間企業の競争力に影響が出た例もあります。2015年、アメリカン航空とデルタ航空、ユナイテッド航空は、「エミレーツ航空などが政府からの補助金で競争力を拡大し、競争環境が平等でなくなった」として、アメリカ政府に申し入れを行いました。

このように、オイルマネーをもとに世界的な競争力をもち、外国との軋轢が生じるほど、国営企業は成長したのです。「国家資本主義」の議論でしばしば例に挙げられますが、石油収入の結果として国営企業の影響力が強くなる状況も生まれています。

Part.3

# 民間企業も地主さん

ＧＣＣ諸国において、民間企業の代表は商業グループ（財閥）です。かつて王族は貧しく、商人が資金援助していましたが、石油時代以降、立場が逆転し、商人は政府（＝王族）が発注する建設事業などを受注するようになります。

こうした商業グループはＧＣＣ各国に存在し、商業や銀行、建設などの分野で活躍しています。商業グループは、政府・王族と株式保有などを通じて密接な関係にあり、かつ保護される側でもあるのです。

商業グループを保護するしくみも整えられました。たとえば小売業は基本的に自国

企業しか手がけることができず、外国企業は地場企業と代理店契約を結ばないと市場に参入できません。

また、GCC諸国に進出する際には地場企業のスポンサーを要求されるので、外国企業は基本的にスポンサー料を支払わなければなりません。

石油収入は政府に入りますが、外資が国内で活動を行う際には地場企業に「カネを落とさないと認めない」、まさに「地主」としての性格を構築し、民間企業を保護してきました。逆に保護しないと生き残れなかったともいえます。

とはいえ、変化のきざしもあります。最近では地場のスタートアップ企業などの存在感も高まってきています。

Part.3

# 石油価格が低いと王様もツラいよ

原油価格が高い時期であれば、GCC諸国の政府は自国民に対して一律にお金を支給することもあります。

しかし、石油価格が低い時期には、政府歳入が減少するので、開発プロジェクトや公共支出予算にしわ寄せがいき、経済が低迷します。ただし政府には、景気が悪いからといって国民に対する福祉政策や補助金を減らすことはなかなかできない事情があるのです。

湾岸産油国は人口増加率が高く、とりわけ若年層の雇用が問題になっています。人口が増えすぎたために、国民を公務員として雇用しきれない場合が出てきます。本来は、民間企業で国民を雇用すれば済む問題ですが、公務員のほうが圧倒的に待遇がよいため、公務員になりたい国民が減ることはありません。

政府が歳入を増加させるための税を導入しようとしても、「課税なくして代表なし」の原則では、選挙をする必要が出てきてしまいます。国民に対する分配が減少すると、国民の政府への不満が高まるので、絶対王制を維持できなくなる可能性もあるのです。

石油価格が低い時期でも、湾岸諸国の政府(＝王族)は国民に対して分配をしなければなりません。豊かにみえる王様も、じつは苦労しているのです。

お金ないから、課税したいけど…
課税します
政府
ヒー
指示
国民噴怒!
ふざけんな!
王制がゆらいでしまう!!
分配するしかない…
(選挙はないけど、お金はもらえて)
いい国だ〜♪
王族
分配
国民

Part.3

# 国民にも負担してもらいます

石油ブームだった1970年代以降、湾岸諸国は国民に対してさまざまな福祉を与えてきました。

じつは、教育や医療はもちろん、電気料金などにも補助金を支出し、豊かな暮らしを支えていたのです。湾岸諸国では家庭に住み込みのメイドを雇用することが多く、かつてはメイドの費用も国が負担していたことがありました。

2015年ごろから石油価格が低迷すると、財政事情が苦しくなり、国民に負担を求めるケースも出てきました。たとえばガソリンは補助金が投入されて価格が抑えら

Ⓐ 1970年代の湾岸諸国の福祉

補助・負担!

電気料金

メイド

無料!

教育

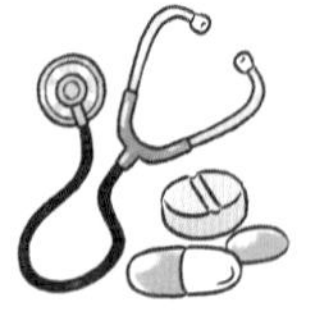

医療

れています。

ＵＡＥでは、２０１５年にガソリン補助金が廃止され、市場価格に応じて毎月価格が決定されるようになりました。廃止以前はリッター30円ほどだったものが、現在では１１０円ほどになっています。

２０１８年には、サウジアラビアとＵＡＥで付加価値税（ＶＡＴ）が導入されました。サウジアラビアでは、当初５％だった税率が２０２０年に15％まで上がっています。ＵＡＥでは、２０２３年から法人税も導入されました。

湾岸諸国では個人に対する所得税はまだ課されていませんが、政府は課税を強化し、さらに税ではなく「手数料」の名目で歳入を増やそうと試みています。

**Ⓑ 中東の国ぐにのガソリン価格**(2023年12月時点)

| 国名 | 値段(1リットルあたり) |
|---|---|
| UAE | 110円 |
| サウジアラビア | 93円 |
| クウェート | 48円 |
| イラン | 50円 |

出典:Global Petrol Prices.com　※2023年12月のレートで概算

クウェートやイランはまだ補助金が投入されている。

Part.3

# 新興勢力の地代の生み出し方

石油があまり採れない産油国の場合は、どのようにしているのでしょうか？

ドバイやカタールなどは、湾岸諸国のなかでは「新興」勢力といえます。

これらの国ぐにには、石油収入を国民に分配するだけではなく、石油収入を積極的に活用し、政府系企業を育成することで経済・産業開発を行ってきました。

高収益の政府系企業を育成することで、石油収入ではない「地代」を戦略的に生み出したのです。その地代を、分配や経済開発の原資にあてます。

とりわけドバイは石油があまり採れない国のため、新たな地代を創出するためにも、王制を存続させるためにも、「稼げる」政府系企業を育成し、発展させることに苦心してきました。

ただし、そもそものスタートが石油収入であり、さらに周辺諸国の石油収入に依存している以上、これは本質的な脱石油戦略とはいえないでしょう。

サウジアラビアやクウェートは、国民に対する分配に注力したため、産業育成という観点では大きな成果を残せませんでした。新興勢力の地代創出方法は、伝統的なレンティア国家であるサウジアラビアなどでも採用されはじめています。

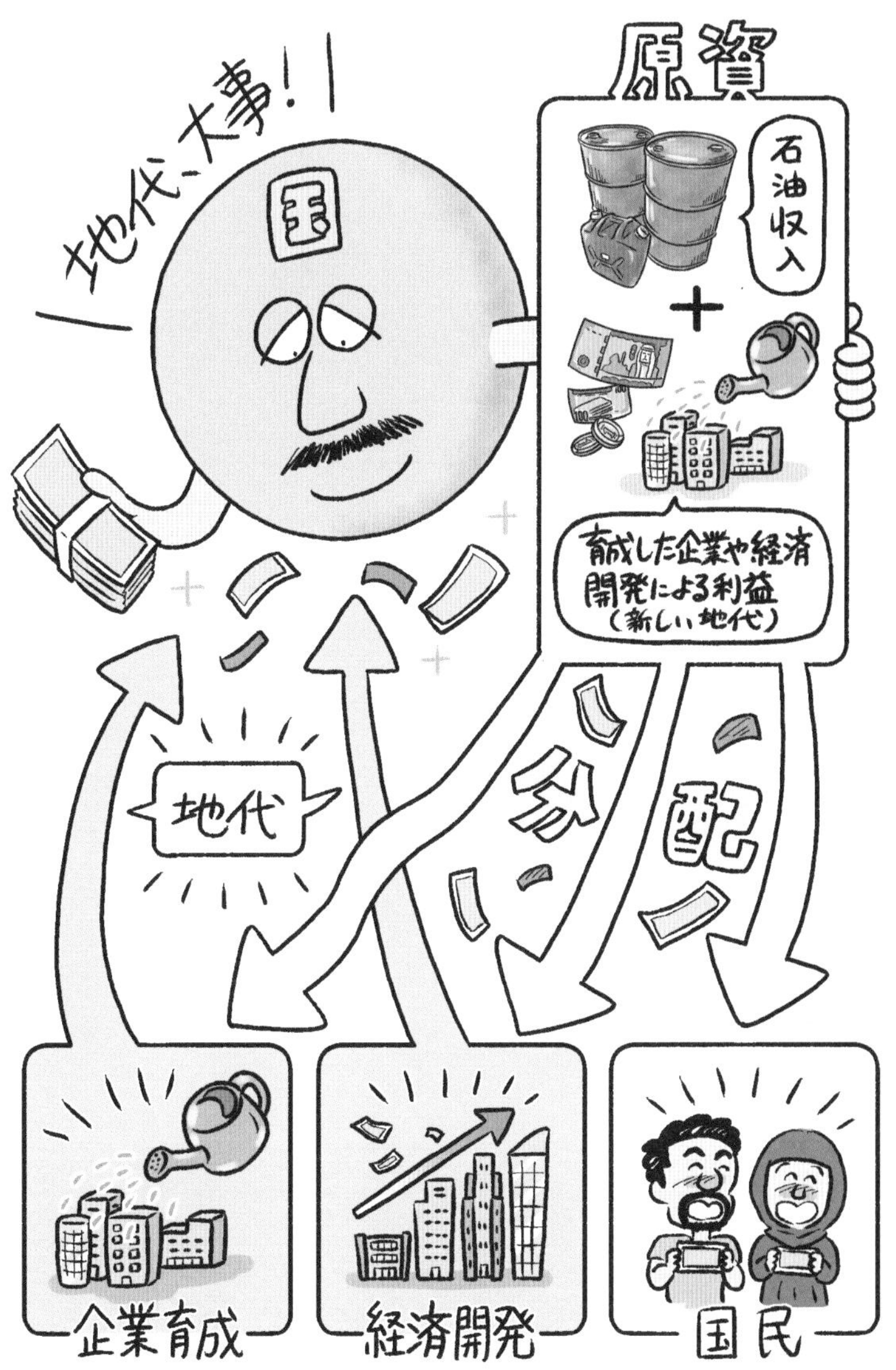
地代、大事！
原資
石油収入
育成した企業や経済開発による利益（新しい地代）
地代
分配
企業育成
経済開発
国民

Part.3

# 資源があると経済成長しない？

「資源の呪い」という概念があります。これは、天然資源を多く保有する国は非資源国と比べて経済成長率は低い傾向にあるという説です。ジェフリー・サックスらは、1970年から1989年のデータをもとにして、天然資源や農産物など一次産品輸出と1人あたりGDP成長率には、負の相関関係があることを実証しました。長期的にみて一次産品輸出国の経済成長率が低いことを、資源の呪いと呼びました。

第二次世界大戦後には、「シンガー＝プレビッシュ命題」という学説が発表されます。これは、国が一次産品の輸出に特化した場

**1970～1989年における資源の豊富さと経済成長率**

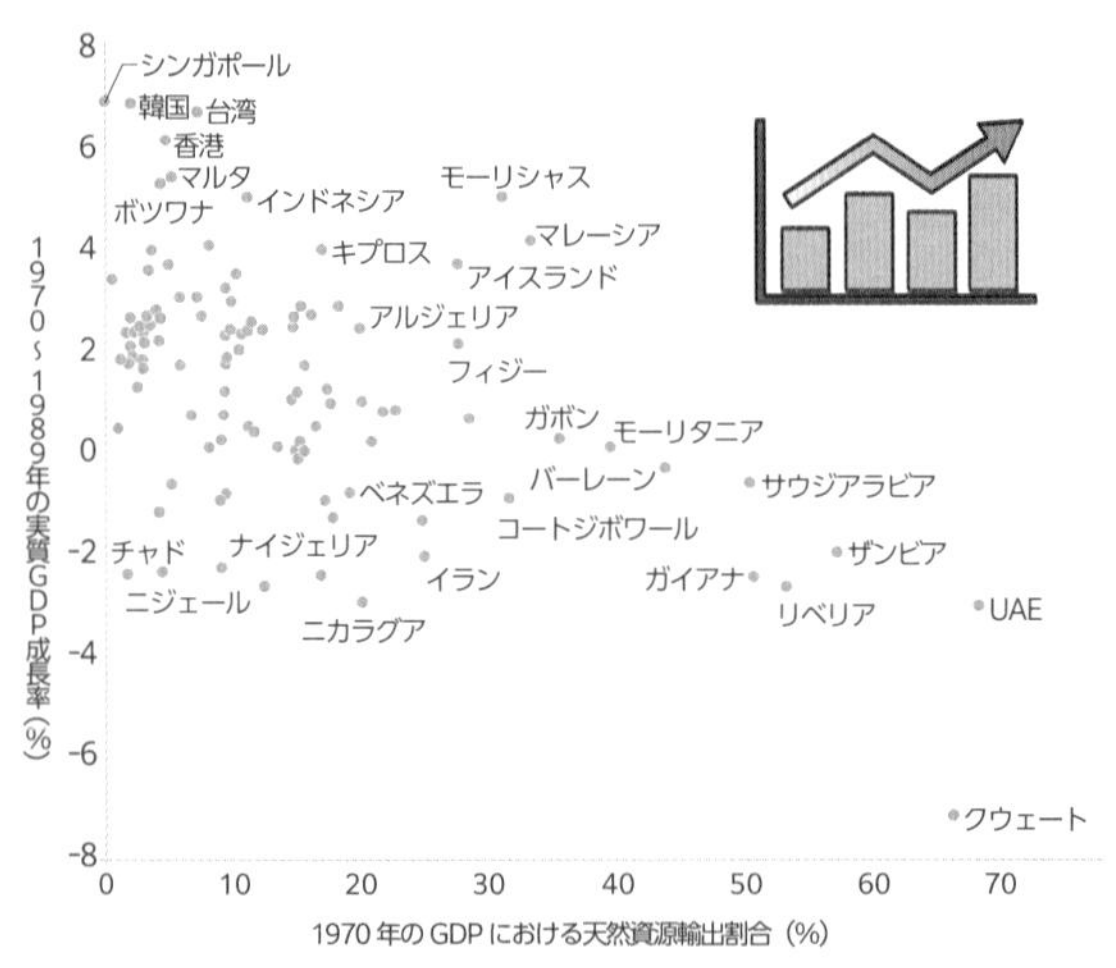


出典：Sachs and Warner(2001) The Curse of Natural Resources, *European Economic Review*, Vol.45, No.4-6, p.829.

合、長期的にみると交易条件において不利になるという内容で、途上国開発について の議論のなかで注目されました。

サックスもシンガーも、途上国の持続的な経済成長のためには一次産品への依存を低くして、工業化を進めることが重要だと示唆しています。

資源への依存によりほかの産業が育成されないこと、資源をめぐる争いや腐敗が起こることなども資源の呪いの原因とされます。近年では、民主主義制度が阻害されることなど、政治と結びつけて説明される場合もあります。天然資源保有国の特徴が、政治・経済におけるマネジメントの方向性を誤り、成長をさまたげる場合があるという、重要な観点だといえるでしょう。

一次産品ばかりつくってしまう
➡ほかの産業が発展しない
➡資源に関する争いや腐敗もおこりうる

長期的にみると不利になる

これが「資源の呪い」の原因だね

ハンス・シンガー

ジェフリー・サックス

ラウル・プレビッシュ

中東経済こぼれ話④

# オランダ病：工業化できない産油国

「資源の呪い」とならび、経済学的に産油国をとらえた考え方に「オランダ病」＝資源産出国では製造業が発達しない、というものがあります。1950～60年代、オランダで天然ガスが発見・生産されたあと、結果的にオランダの製造業が衰退したことが由来です。

北海油田が発見されたイギリスもオランダと同じような状況になり、もともと製造業の基盤がないものの中東の産油国も製造業は未発達です。

国際経済学の理論で「リプチンスキー定理」というものがあります。オランダでガス資源量が新発見により増加し、ガス生産量は増加します。そうするとほかの財である製造業の生産量は減少する、というのがこの理屈です。

リプチンスキー定理だけではなく、ガスの輸出により通貨高の状態になり（ガス輸出代金で外国からモノを買う場合、通貨高のほうが有利）、その結果として製造業の輸出が減少することも要因のひとつになります。また、国としても資源産業への課税は一般的な製造業よりも容易であり、歳入を依存するようになるため、資源産業への偏重が強まります。

オランダ病は資源産出国の負の側面をよく表すとともに、産油国では非産油国よりも工業化に難しいかじ取りが必要になることを示しています。

# Part.4

# 中東の貿易構造

# 中東の貿易：お隣さんとは少ないよ！

中東地域は石油の輸出を通じて世界と結びついています。

中東の石油の輸出入が世界貿易に占める割合は、２０２２年の世界全体の貿易において、輸出入ともに６～７％程度と、途上国地域の割合としては少なくない数値といえます。

図Ａは、中東地域が貿易している地域とその割合を示したものです。日本、アメリカ、欧州など先進地域が３～４割、中国やインドなどをふくむアジア途上国との貿易が３割弱となっています。

多くの国では近隣諸国・地域との貿易が

**Ⓐ 中東・北アフリカ**（パキスタンをふくむ）**からの貿易**（2022年）

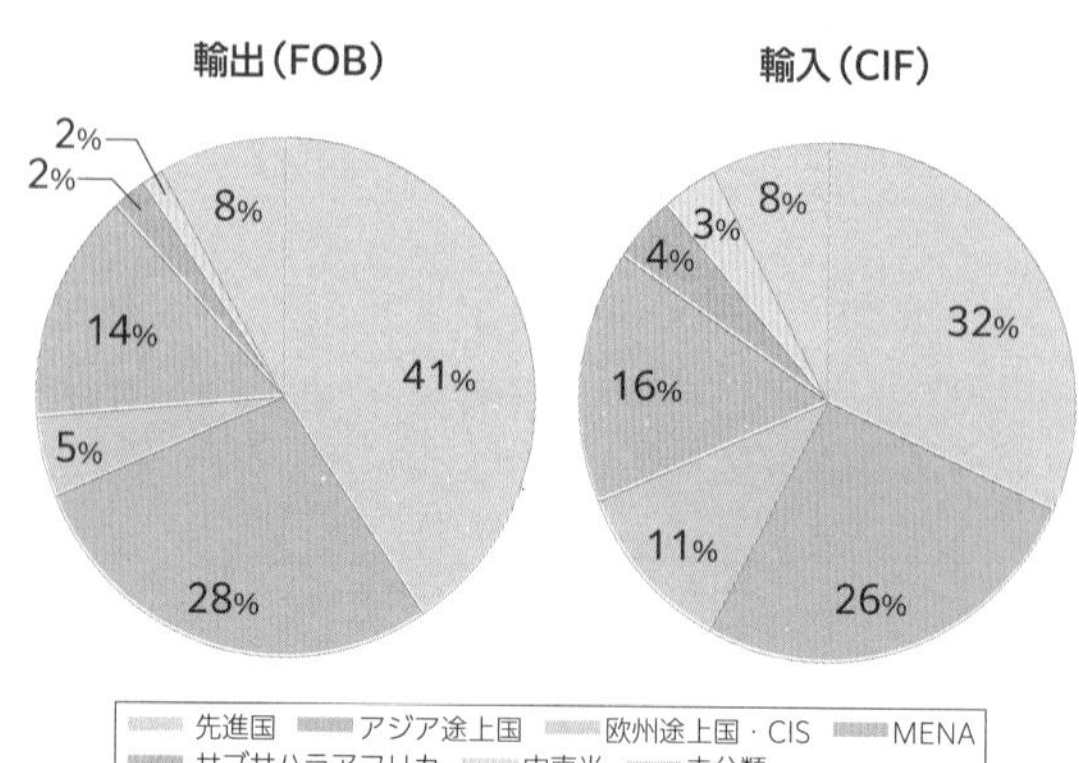


出典：IMF, Direction of Trade Statistics.

※トルコは欧州に分類
※イスラエルは先進国に分類

多くなりますが、中東の場合、域内貿易（地域内での貿易のこと）が少ないという特徴があります。

産油国に石油を輸出するわけにはいかず、中東地域では製造業があまり発展していないため、部品や完成品の貿易も少なく、先進国やアジア地域からの完成品輸入がどうしても多くなってしまいます。

日本と中東地域との貿易関係は図Bが示すように、割合としては中東からの輸入が多い傾向があります。日本から中東への輸出品としては自動車が多くなっています。

なお、日本は中東地域に対して貿易赤字の状態です。これも日本が中東地域から石油・天然ガスを多く輸入しているという背景から容易に想像できるでしょう。

## B 日本の地域別貿易額（2022年）

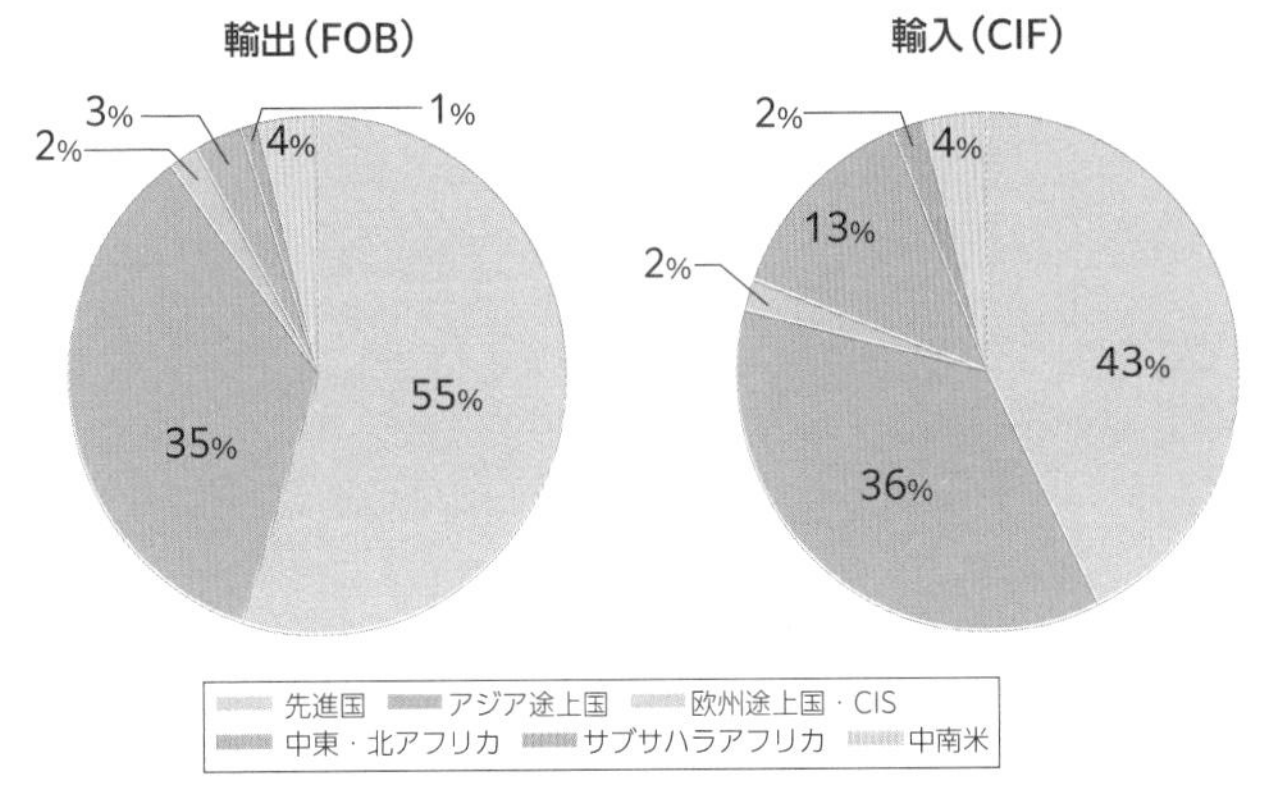


出典：IMF, Direction of Trade Statistics.

※中東・北アフリカにはパキスタンをふくむ
※イスラエルは先進国に分類

Part.4

# サウジアラビアとＵＡＥが中東貿易の二強

中東地域の貿易について、国ごとにみて貿易の規模が大きいのはどこになるのでしょうか？

下図で示すように、輸出・輸入ともにサウジアラビアとＵＡＥの貿易額の割合が大きく、この２カ国だけで全体の４割前後を占めています。

中東地域のおもな輸出産品は石油・天然ガスなので、世界でも三本の指に入る産油国かつ石油輸出国であるサウジアラビアの輸出額は必然的に多くなります。次いでＵＡＥ、そしてカタールの割合も多くなっています。

**中東地域の貿易額割合**

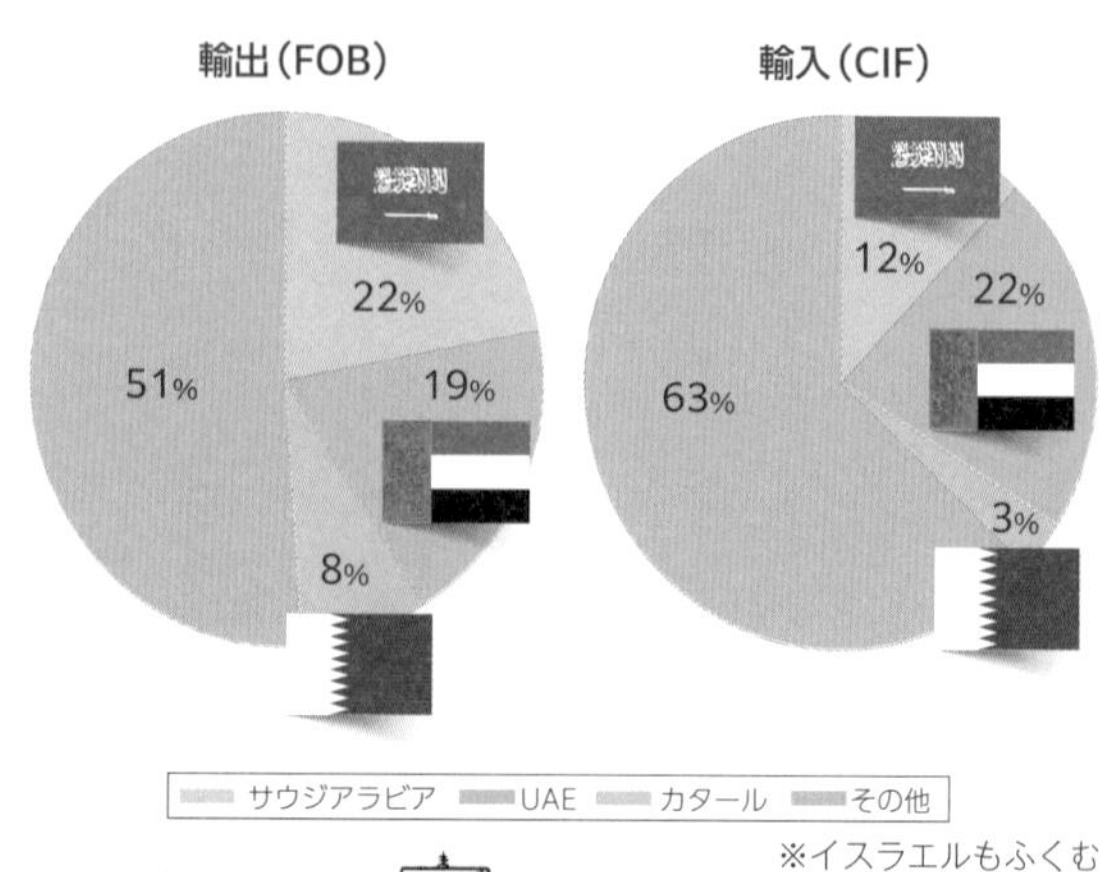


※イスラエルもふくむ

出典：IMF, Direction of Trade Statistics.

輸入については、サウジアラビアは人口が多く経済規模が大きいため、輸入額は多くなります。

特徴的なのはUAEで、輸入額がサウジアラビアを抜いて中東地域でもっとも大きいことです。UAE、なかでもドバイは、中東随一の港湾や空港など物流インフラが整備されており、中東・アフリカ地域における中継貿易の拠点となっています。

後述しますが、ドバイを経由して中東・アフリカ各地へ再輸出される貨物も多く、貿易活動が活発に行われています。

貿易の絶対額は石油価格によって左右されますが、中東地域の貿易ではサウジアラビアとUAEの二強体制は、ほぼ変わることがありません。

**ジュベル・アリ港**

手狭になったラシード港の機能を拡張すべく、世界最大の人造港として1980年代に開港した。

Part.4

# NOイスラエル：アラブ・ボイコット

中東では、政治対立を背景にした特異な貿易関係が存在します。代表例が、パレスチナ問題に対するアラブ・ボイコットです。

アラブ連盟加盟国（22カ国・地域）は、パレスチナ問題（イスラエルが建国された1948年から現在まで続くパレスチナ（アラブ）とイスラエルの対立状態）を受けて、イスラエルに対する経済制裁を1940年代から実施しています。ボイコットには、加盟国による直接ボイコットとなる一次ボイコットと、間接的な二次・三次ボイコットがあります（下図）。

日本企業などの外国企業にとって問題と

**アラブ・ボイコットの種類**

| 種類 | 内容 |
|---|---|
| 一次ボイコット | イスラエルの貿易（輸入）を禁止 |
| 二次ボイコット | イスラエル経済に寄与している外国企業との取引を禁止 |
| 三次ボイコット | ブラックリスト（非公表）掲載の企業との取引を禁止 |

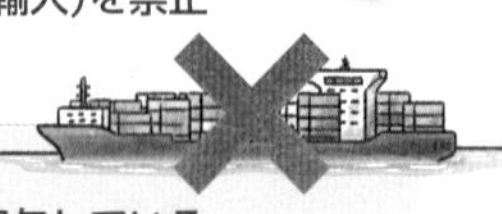

かつてはユダヤ資本ということでコカ・コーラはアラブ諸国ではあまり人気がなく、ペプシが売れていた。現在でも、2023年10月のパレスチナ衝突後、トルコの国会内売店からコカ・コーラ社製品が撤去されるなどの措置が報じられた。

なるのは、二次ボイコットです。アメリカの半導体大手企業インテルはイスラエルに大規模な拠点を設立していますが、インテル製品を使用したパソコンを販売している日本企業はアラブ諸国の市場には参入できないことになります。

1990年代以降、たとえばパソコンではインテル社抜きの製品をつくることは実質的に不可能で、ボイコットはアラブ側の事情で制度と実態に乖離がみられるようになってきました。中東の大市場であるGCC諸国では、1994年に二次・三次ボイコットを廃止することが決定され、外国企業には実質的な影響がない状態になっています。とはいえ、レバノンのように、いまだに制度が継続している国もあります。

# イスラエルとの経済関係

エジプトのアンワル・サダト大統領は、低迷する自国経済の立て直しのため、1979年にイスラエルと和平を締結し、経済関係を樹立しました。なおサダトはその後、暗殺されています。

一方、2000年前後の時期に、カタールやオマーンがイスラエルと貿易や投資を行うべく検討されたことがありましたが、結局、実現できませんでした。

2020年8月、イスラエルとUAE、そしてバーレーンとのあいだで平和条約（アブラハム合意）が締結され、国交が正常化しました。これにより、両国間の経済関係

アブラハム合意によって、UAEとイスラエルの直行便が開設されている。サウジアラビアと和平は締結されていないものの、これまで禁止してきたイスラエルの民間機と、イスラエルを目的地とする外国機に対し、サウジアラビアの上空通過を認めるようになった。これにより、航空会社にとっては時間短縮、燃費削減などの効果が出ている。

もスタートします。イスラエルとＵＡＥの貿易額（下図）をみると、２０２０年９月以降、これまでほぼゼロだった両国間の貿易が急拡大していきます。また、２０２２年にイスラエルとＵＡＥのあいだで自由貿易協定を締結し、翌年４月に発効しました。

ＵＡＥは多額のオイルマネーをもち、中東最大の物流拠点・ビジネス拠点のドバイがあります。イスラエルはハイテク技術に定評があり、両国の資本と技術が結びつくことで、新たな動きが期待されています。

今後、イスラエルとの経済関係樹立が期待されている国のひとつが、サウジアラビアです。政治面にも大きく左右されますが、サウジアラビアの動向にも注目が集まっています。

**イスラエルの対UAE貿易額**（2020年1月〜2023年10月）

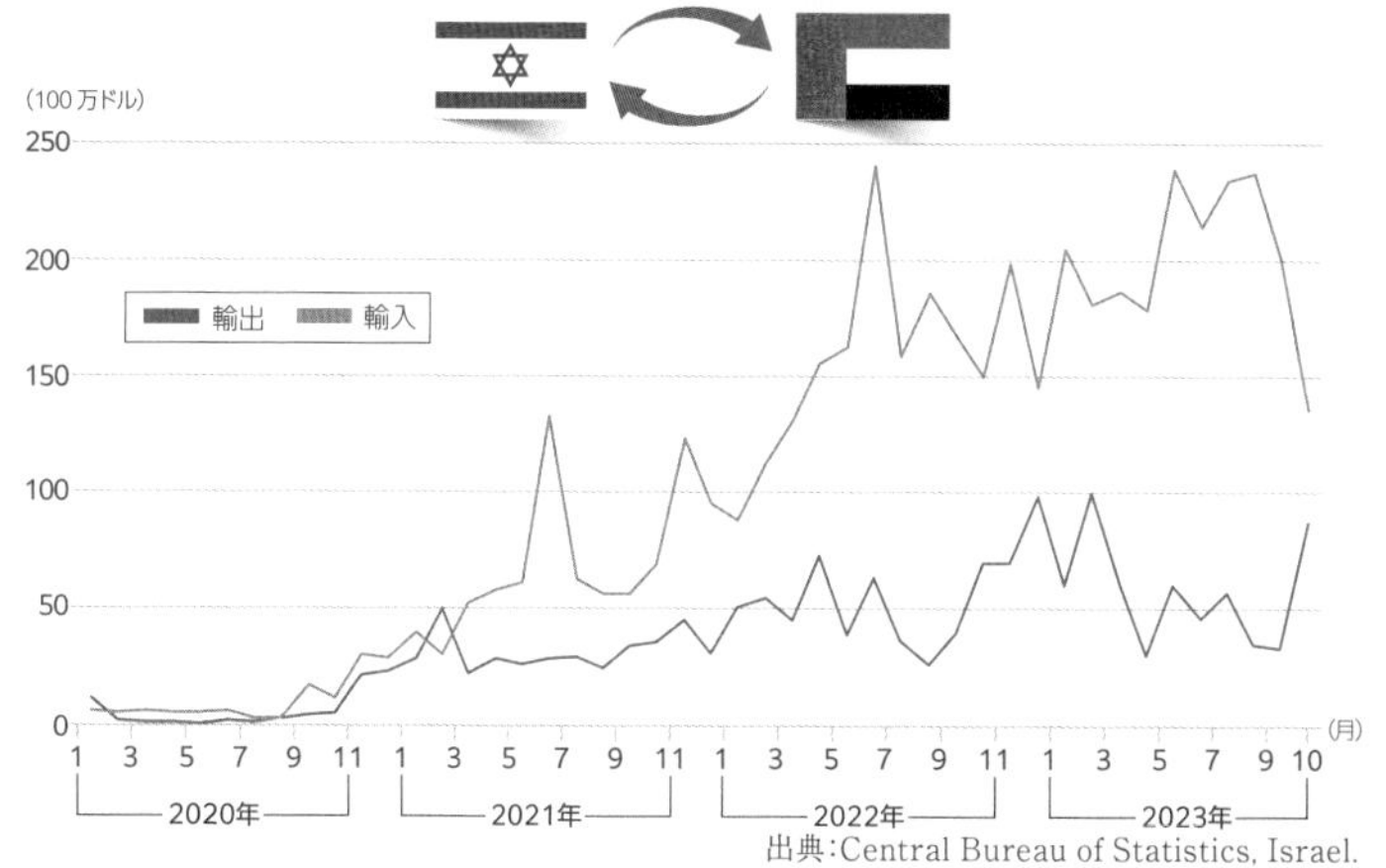


出典:Central Bureau of Statistics, Israel.

短期間で、あまりにもスピーディーに経済関係が構築されており、イスラエル・UAE間の経済協力は合意発表前から入念な下準備がされていたと考えられる。

# カタール断交問題と経済関係

サウジアラビア、UAE、バーレーン、エジプトは2017年6月、突然カタールに対して断交を宣言しました。サウジアラビアが主導したもので、この断交措置のおもな理由は、カタールがムスリム同胞団を支援している点を挙げています。カタールは反論したものの国交断絶となり、貿易・投資など経済関係や人の移動もストップする状況におちいりました（図A）。

農業や製造業が未発達なカタールは、多くの財を輸入に依存しています。中東の物流拠点であるUAEや農業部門が比較的発達しているサウジアラビアからの輸入が多

## Ⓐ ムスリム同胞団をめぐる関係の構図

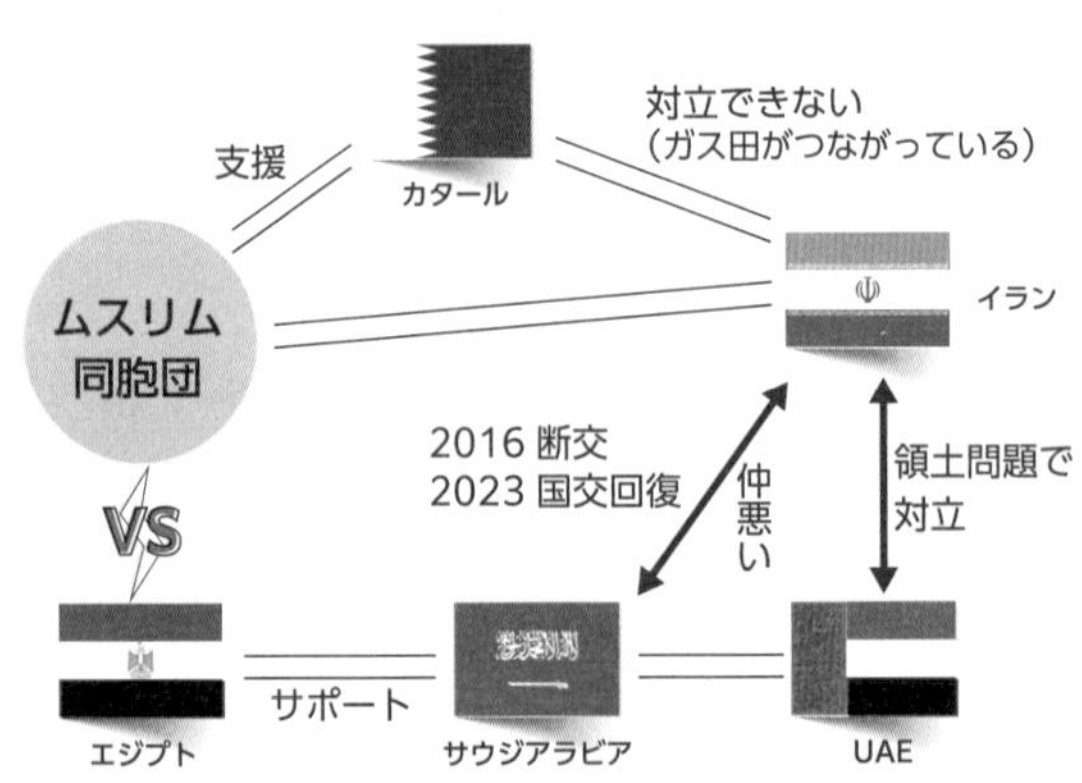


エジプトで設立されたイスラム主義組織。エジプトでは非合法化され、サウジアラビア、UAEでもテロ組織認定されている。アラブの春には直接関与していないが、その混乱に乗じて発言力を強め、「反政府」を主張している。

いのですが、断交により輸入がストップしました。サウジアラビアからの輸入が止まることにより、カタールでは食料の確保が死活問題となり、トルコやオマーンなどからの輸入で代替することになりました。

UAEはカタールからパイプラインで天然ガスを輸入し、自国の発電などに使用しています。断交措置があっても、UAE側は天然ガスの輸入は止めておらず、カタールからUAEへの輸出はゼロになっていません（図B）。

2021年1月に和解が成立し、この断交は終了しました。貿易関係も復活しましたが、断交前の貿易量にまでは回復していません。地域の外交問題が貿易に大きな影響を与えた一件といえます。

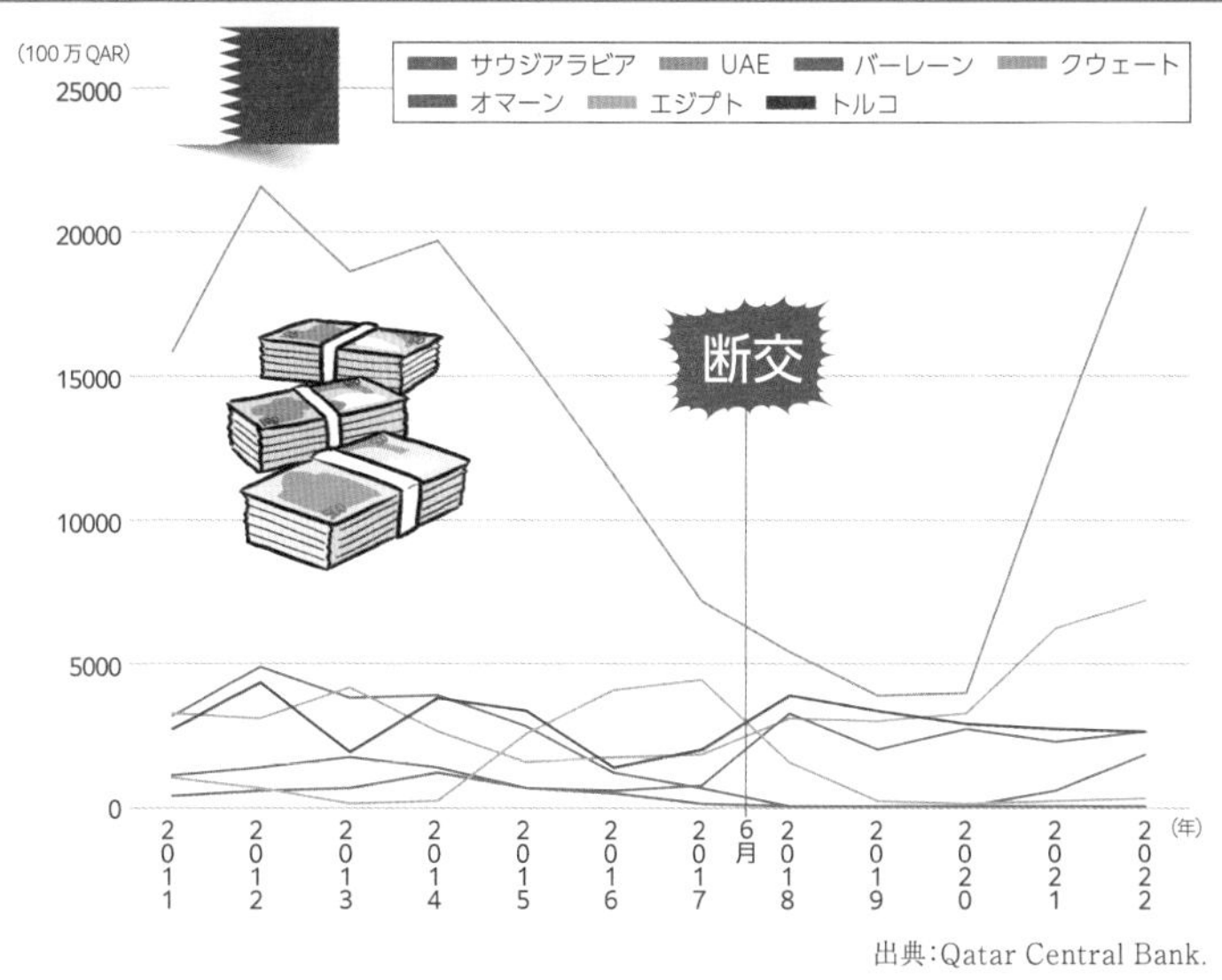


出典：Qatar Central Bank.

Part.4

# カタール経済は断交でダメージを受けた？

サウジアラビアから突如として断交を突きつけられたカタールの経済には、どのような影響が出たのでしょうか？

カタールは、サウジアラビアからおもに酪農製品を多く輸入していました。２０１７年６月の断交直後は、サウジアラビアからの食料輸入などが止まった結果、数カ月はカタール国内の消費者物価指数が上昇しました。

しばらくすると代替輸入のメドがつき、物価の混乱は落ち着きました。各種経済指標による分析としては、「カタール政府の対応が迅速だったため、断交が経済に与えた

影響はあまり大きくない」というのが一般的です。

しかし、中東屈指の利用者数だったドーハ―ドバイ路線を運航していたカタール航空では、サウジアラビアやUAEなどへの就航禁止や上空通過拒否などにより、追加燃料コストがかかり損失を計上しました。

また、カタールの衛星テレビ局アルジャジーラがサウジアラビアやUAEなどで視聴できなくなったり、カタール企業のホームページに断交を実施する国からアクセスできなくなったりするなどの影響もありました。

サウジアラビアなどにとってカタールへの「経済制裁」が成功だったかと問われると、疑問なところです。

## カタールの輸入

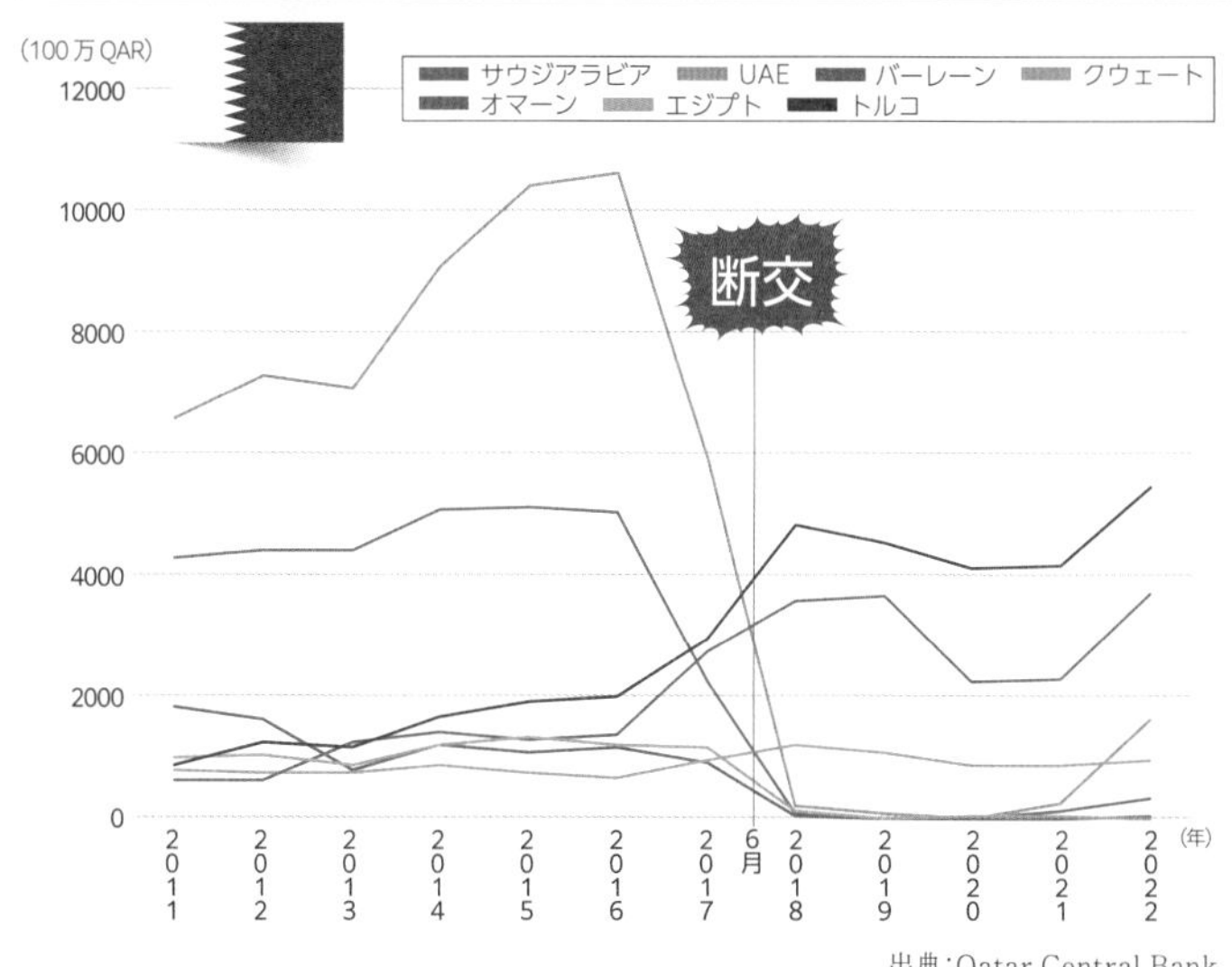

出典:Qatar Central Bank.

# 棚からぼた餅のオマーン

断交開始前、カタールにとってサウジアラビアとUAEは重要な貿易パートナーでした。経済関係が復活したあと、カタールからサウジアラビアやUAEに対する輸出はもとの水準にまで回復しています。しかし、逆向きのサウジアラビアやUAEからカタールに対する輸出の回復は遅れています。

断交前年の2016年、カタールのUAEからの輸入額が最大の品目は砂利、次いで銅線でした。カタールは砂利の98・7%をUAEから輸入していました。2022年のサッカーワールドカップに向けて建設需要が高まっていたため、大量の砂利や銅線が必要でした。しかし、カタールには砂利の採れる山がなかったため、オマーンから砂利を輸入します。ワールドカップ関連の建設需要の最盛期と重なったため、オマーンはまさに「棚からぼた餅」でした。銅線はロシアからの輸入が多くなりました。

また、サウジアラビアからカタールへの輸出額がもっとも大きかった物品はヨーグルトです。カタールが輸入するヨーグルトの92・3%は、サウジアラビア産でした。断交後、カタールはヨーグルトをほぼ国内産に切り替えています。

カタールへの断交措置によってサウジアラビアやUAEはむしろみずからの市場を失う結果に終わったといえるでしょう。

断交先に頼っていた輸入品…どうしよう…
ダメー
UAE
銅線
サッカー
W杯の建設に
砂利が必要…
でも、うちの国には
山がないし…
砂利
カタール
ウーム
サウジアラビア
ヨーグルト
ダメー
…で、
あるならば――
砂利は山のあるオマーンから！
銅線はロシアから輸入しよう！
カタール
ヨーグルトは
自分たちで
つくっちゃおう！
砂利
あざすっ！
オマーン
どーぞ
ロシア
銅線

Part.4

# トルコがリードする地域経済統合

現在、自由貿易協定（FTA）締結による貿易自由化は、世界各国の通商政策の柱になっており、中東地域も例外ではありません。また、近年のFTAは貿易協定よりも投資協定としての役割がより期待されていて、FTAの有無が企業活動に影響することも多くなっています。

WTOに報告されている中東主要国のFTA締結数（下図）をみると、中東諸国のなかではトルコがFTA締結に熱心で、2024年1月末時点でFTA締結数が世界6位です。この図のなかでは、UAEとサウジアラビア以外の国はEUとFTAを締

**中東主要国のFTA締結数**

| 国名 | 発効済FTAの数 | EUとのFTA |
|---|---|---|
| トルコ | 25 | ○ |
| イスラエル | 11 | ○ |
| エジプト | 10 | ○ |
| モロッコ | 9 | ○ |
| チュニジア | 8 | ○ |
| ヨルダン | 8 | ○ |
| UAE | 6 | × |
| サウジアラビア | 4 | × |

※2024年1月末時点でWTOに報告されている発効済FTAの数

結しています。これらの国は、制度的にはEUとのあいだで自由に貿易ができるため、EU向けの低コスト生産拠点として、トルコや北アフリカなどに外国企業が進出するケースもみられます。

イスラエルも、多くの国とFTAを締結しました。なかでも特徴的なのが、1985年に発効したアメリカとのFTAです。これはアメリカが締結した初のFTAであり、経済よりも政治・外交的な理由で締結されたFTAです。

中東域内では、地域経済の統合としてサウジアラビアなどアラビア半島の王制6カ国で構成されるGCCが代表例として挙げられますが、GCCはいくつかの課題を抱えています。

日本は中東諸国と EPA（経済連携協定、日本政府はFTAをこう呼ぶ）を締結していない。GCCとは2024年度中に交渉再開の予定となっている。自由貿易（貿易が増加する）よりも企業進出の円滑化やエネルギー確保の効果が期待されている。

# GCCの経済統合は「シンボル」

FTAの目的は、加盟国どうしで関税を撤廃して、貿易を活発化させることです。GCCは、1983年にFTAを発足させました。その後、2003年に関税同盟、2008年には共同市場が発足しています。また、2000年代には通貨統合も検討された時期があり、制度面ではかなり高いレベルにあります。ところが、大きな目的である貿易の活発化という観点では結果が出ていません（図A）。

ちなみに、EUの域内貿易比率は6割前後、アメリカのUSMCA域内貿易比率は3割前後です。GCCの域内貿易比率は、低

**Ⓐ GCCとASEANの域内貿易比率**（2022年）

| GCC | | ASEAN | |
|---|---|---|---|
| サウジアラビア | | タイ | |
| 輸出 | 8.8% | 輸出 | 25.1% |
| 輸入 | 11% | 輸入 | 17.5% |
| UAE | | インドネシア | |
| 輸出 | 7.2% | 輸出 | 21.2% |
| 輸入 | 4.7% | 輸入 | 22.6% |

出典：IMF, Direction of Trade Statistics.

各国のそれぞれ対GCC、ASEAN域内貿易の割合を示したもの。タイやインドネシアの対ASEAN加盟国向け貿易が2割前後であるのに対し、サウジアラビアやUAEの域内貿易は1割に満たない数値がほとんど。

い状況が制度発足以来続いています。

理由としては、まず構成国が石油輸出国で産業構造が似ているため、たがいに貿易する財が限定されています。また、東南アジアなどはバリュー・チェーン（価値連鎖）が国をまたいで構築されているため、輸出入が活発になりますが、中東の場合は製造業が未発達です。通常は近隣諸国との貿易が多くなるのですが、湾岸諸国では現状、域内貿易が拡大する余地はありません。

クウェート以外の5カ国は米ドルとのペッグ制を採用し、理屈的にはそれほど難しくはない通貨統合の試みも失敗に終わりました。GCCの経済統合は「シンボルとしての統合」であり、統合による加盟国の経済的実利は追求できていないのが現状です。

### Ⓑ 地域経済統合の類型

| バラッサの5分類 | |
|---|---|
| ①自由貿易協定(FTA) | 加盟国間の関税および数量制限の撤廃 |
| ②関税同盟 | 域内の貿易自由化と対外共通関税の設定 |
| ③共同市場 | 貿易上の制限撤廃に加え、財・サービス・生産要素の自由移動の実現 |
| ④経済同盟 | 共同市場を基盤として構成国間での租税措置、各種規制、経済政策の協調 |
| ⑤完全な経済同盟 | 超国家機関による統一的な財政・金融政策の実現 |

深化

ベラ・バラッサという学者がEUを念頭に5つに区分したもので、5段階で経済統合のレベルが深まっていく。世界の地域経済統合で全体の5％くらいが関税同盟の段階だが、GCCは共同市場まで達していて、4番目のうち通貨統合の試みは失敗に終わっている。

Part.4

# もともとのドバイは地域の物流拠点

ドバイといえば「お金もちが集まる街」というイメージがあるかと思います。実際には、古くから交易・物流の拠点として成長してきた都市です。石油生産量には限りがあるため、石油に依存しない産業を育成しようと1950年代から物流インフラの向上に努めてきました。

商都としてのドバイは、1902年にペルシアから重税を嫌った商人が移住してきたことに端を発します。ドバイにはクリーク（入江）があり、そこでダウ船による交易活動が行われていました。石油の輸出は1969年から開始されますが、それに先駆け、「ドバイの父」と呼ばれるシェイク・ラシード首長は、クウェートなど先発産油国からの借入で、港湾・空港整備や船舶修理ドッグ建設などを行ってきました。ドバイ郊外には人造港ジュベル・アリ港を造成し、周辺をフリーゾーン（自由貿易地域）に指定し、外国企業の誘致も本格的に開始しました。

1985年にオープンしたジュベル・アリ港は、世界有数の貨物取扱量をほこる港となりました。また、国際貨物輸送量で世界上位のエミレーツ航空の設立やドバイ国際空港の拡張整備、ドバイ・ワールド・セントラルという（現状、貨物中心の）巨大な空港の建設など、物流インフラを整備し、地域の「ハブ」機能を果たす都市に成長しています。

ドバイ首長国
Dubai
面積 3,885㎢(埼玉県くらい)
人口 355万人(2022年末)
GDP 4,070億ディルハム(約12兆円)
1米ドル=3.67ディルハムの固定相場
ドバイ国際空港
ブルジュ・ハリファ
パーム・ジュメイラ
ブルジュ・アル・アラブ
マクトゥーム空港
※2024年4月発表
Dubai
ジュベル・アリ港
「ドバイの父」シェイク・ラシード

# ドバイの再輸出先はどこか？

UAE国内の製造業は未発達のため、石油以外の輸出産業は存在しません。近年は非石油産業育成の取り組みの成果がみられるようになり、それなりにUAE産品の輸出も増加していますが、それでもUAEの輸出額（石油を除く）に占める再輸出比率は6割程度を占めています。

下図は2022年のドバイをふくめたUAEの再輸出先割合を示したもので、もっとも多いのがGCC諸国になっています。

再輸出を行う理由は、UAE以外のGCC諸国で港湾整備が遅れていることや、基幹航路がドバイに寄港するため、そこから

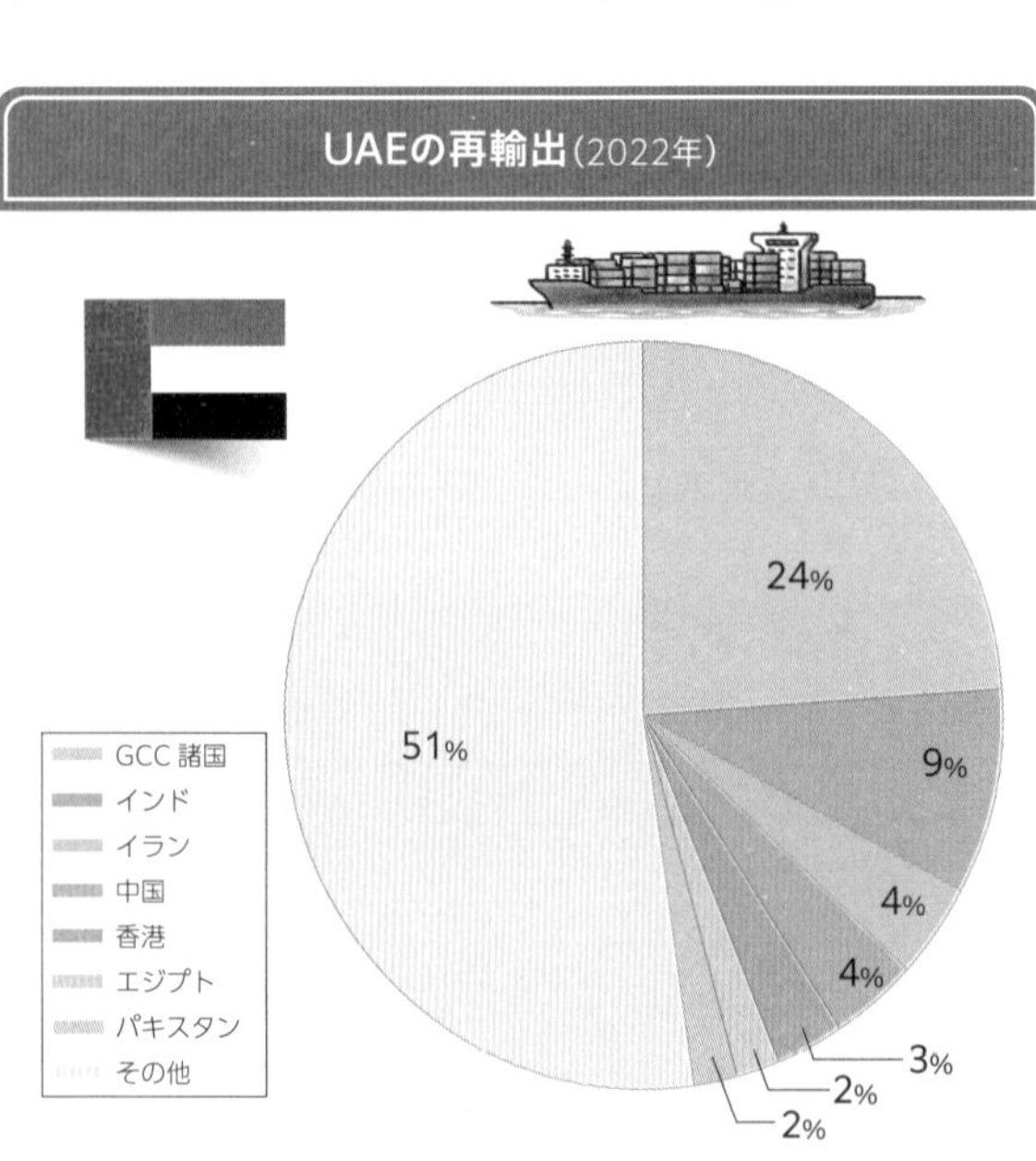


出典：Federal Competitiveness and Statistics Centre, UAE.

フィーダー輸送することなどがあります。インド向けの再輸出は、インド側の港湾施設不足のため、ドバイからのフィーダー輸送となっています。

伝統的にドバイの再輸出で重要な仕向地はイランです。2022年の数値だと4%とそれほど多くないように感じられますが、あくまでもこれは「公式」のデータです。

イランは、経済制裁によって直接取引ができない場合が多くあります。いったんドバイまで表ルートで運んでからイランに裏ルートで送るケースもみられます。

2022年以降、経済制裁下にあるロシアもこのドバイの機能を活用しているようです。こうした「闇」の部分を、とくにアメリカは注視しています。

**フィーダー輸送**

シンガポールや釜山、ドバイなど地域の拠点港から、小さい船に積み替えてインドなどの港に輸送すること。輸送コストを下げるために大型化したコンテナ船では、港湾施設の関係で寄れる寄港可能な港が限られるようになった。

**再輸出**

たとえば、日本からサウジアラビアに輸出する際、いったんドバイで輸入手続きがされ、その貨物がふたたびサウジアラビアに向けて輸出されること。貨物の積み替えなどを行うと、その分の料金・手数料がドバイ側の収入として増加する。

# 海外直接投資の状況

途上国の経済発展には、外国企業の投資も必要です。

中東主要国の直接投資の受入額の推移（図A）をみると、直近の10年ではイスラエルとUAEの直接投資受入額が多くなっています。対照的に、2000年代に多くの投資を受け入れていたサウジアラビアは受入額が減少しています。

現在、半導体やAI関連の企業を多く抱えるイスラエルには、世界中から投資が集まっています。

UAEはドバイを中心にフリーゾーンを設立するなど、外国企業の誘致に力を入れ

## Ⓐ 中東主要国の直接投資受入額

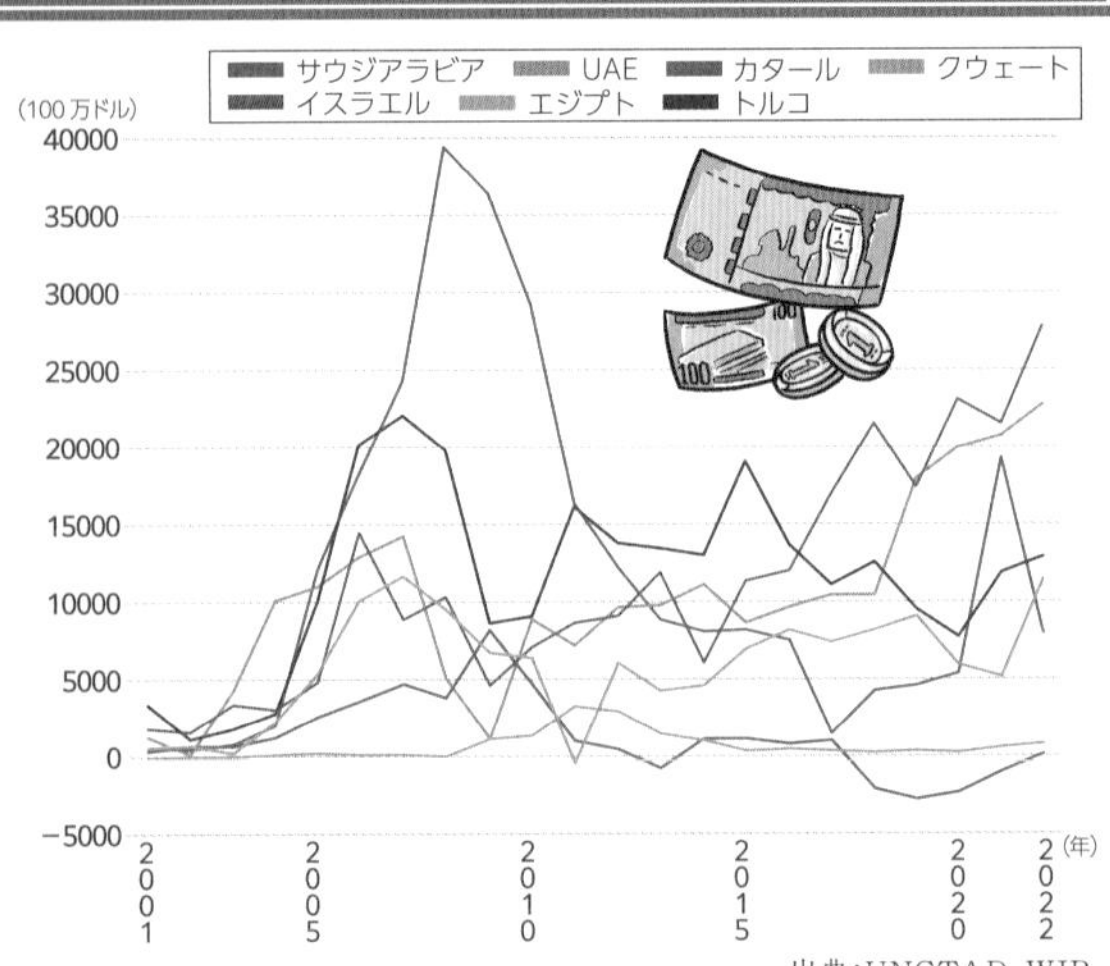


出典:UNCTAD, WIR.

産油国の直接投資受入は、原油価格の動向（＝景気動向）に左右される傾向がある。

ています。

一方、中東主要国の直接投資の送出額（図B）をみると、サウジアラビアやUAE、クウェートなどの産油国とイスラエル企業の海外進出が中心となっています。

産油国は政府系ファンド（SWF）を設立し、石油収入を外国に投資して収益をあげる試みを行っています。また、外国企業に投資することにより、自国内に製造拠点を設立するなど、自国での産業育成につなげる動きも出ています。

外国企業をいかに中東に呼び込むのか、また、自国企業がいかに外国で稼ぐのか。産油国の場合は現状、オイルマネーに左右されていますが、それを出発点とした成長の方図の描き方が注目されます。

## Ⓑ 中東主要国の直接投資送出額

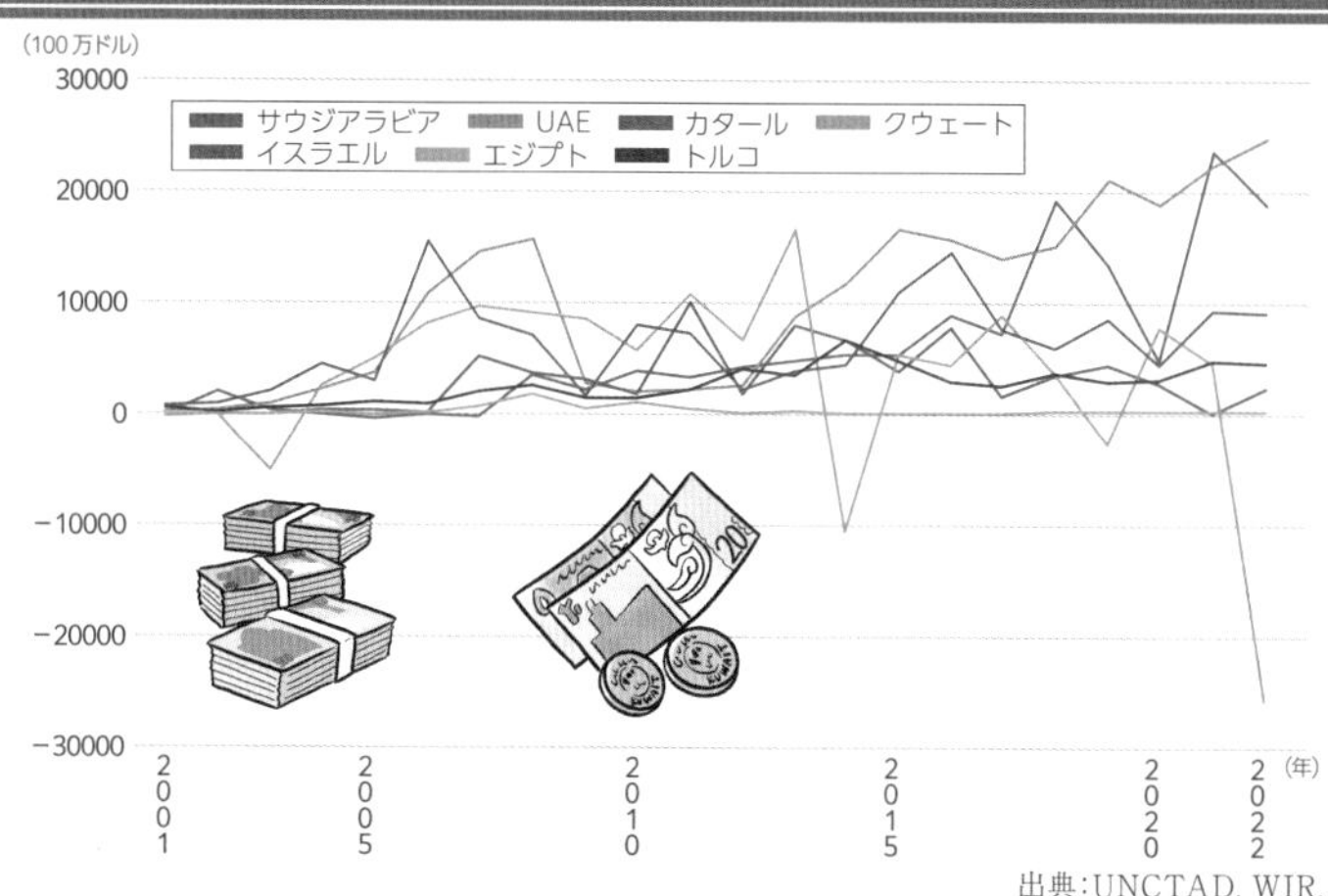


出典：UNCTAD, WIR.

送出額のデータはあくまでもUNCTAD（国連貿易開発会議）が公表しているものであり、とくにサウジアラビアやUAEなど産油国の場合、政府系ファンドの海外投資など必ずしも実態を正確に反映していない可能性もある。

# 世界競争力ランキングからみた中東

経済活動の行いやすさを国際比較した代表的な指標として、ＩＭＤの『世界競争力ランキング』があります。図Ａは、このランキングの２０２３年版に載っている中東７カ国の順位をまとめたものです。ＵＡＥやカタール、そしてサウジアラビアなど日本よりも高順位の国もあります。

とくにＵＡＥは近年、毎年のようにトップ10入りしています。中東諸国では概ねインフラ関連の指標が弱い傾向がみられますが、ＵＡＥやカタールなどは、経済状況（成長性）や政府の効率性の指標が高くなっています。これら湾岸諸国は権威主義国家で

**Ⓐ IMD世界競争力ランキング**（2023年）

| 国名 | 総合順位 | 経済状況 | 政府の効率性 | ビジネスの効率性 | インフラ |
|---|---|---|---|---|---|
| アメリカ | 9 | 2 | 25 | 14 | 6 |
| UAE | 10 | 4 | 8 | 16 | 26 |
| カタール | 12 | 5 | 4 | 12 | 33 |
| サウジアラビア | 17 | 6 | 11 | 13 | 34 |
| 中国 | 21 | 8 | 35 | 21 | 21 |
| イスラエル | 23 | 31 | 34 | 24 | 18 |
| バーレーン | 25 | 23 | 20 | 22 | 37 |
| 日本 | 35 | 26 | 42 | 47 | 23 |
| クウェート | 38 | 19 | 26 | 42 | 19 |
| ヨルダン | 54 | 63 | 41 | 36 | 53 |

出典：IMD World Competitiveness Ranking 2023

※ランキング2023年版に載っている中東７カ国の順位をまとめたもの。
全64カ国中の順位

IMD（International Institute for Management Development）は、日本では国際経営開発研究所と呼ばれる。

あり、上（政府）からの意思決定がすみやかに実施されることがこのような評価につながっています。

世界競争力ランキングでは、詳細に各国の評価ポイントが書かれています。湾岸3カ国については、経済成長性や政策実行能力などが高ポイントで、労働者や高等（大学）教育、研究開発（R&D）などは不足していると評価されています。

世界競争力ランキングはあくまで、企業の活動のしやすさや投資環境をとらえる際のひとつの指標にすぎません。とはいえ、各国ともに外国企業を誘致するためにさまざまな施策を打ち出していて、投資環境の観点において湾岸諸国は世界でも評価されるようになってきました。

### Ⓑ 湾岸諸国の評価ポイント



ここで指摘されている経済成長性は石油価格に左右される側面が大きく、政府に関する点は権威主義国家であるという点を念頭に置く必要がある。

中東経済こぼれ話❺

# 世界銀行報告書の不正とサウジアラビア

投資環境の国際比較を行っている報告書のひとつとして、世界銀行（世銀）の *Doing Business* がよく用いられていました。この報告書はランキング算出の不正が発覚したとして、2021年に廃刊が決定しています。

不正のひとつは、2020年版のサウジアラビアによるものでした。サウジアラビアは自国のランキングの低さにかねてから不満を表明していました。

*Doing Business* の指標は企業が外国に投資をする際によく使われるものだったため、順位が低いと企業誘致に不利になることもあり、なによりイメージがよくありません。

世銀は途上国に対して経済改革やビジネス環境改善のコンサルティング業務も行っています。サウジアラビアはその「優良顧客」でした。

世銀の提案を実行してもランキングがあがらないとすれば、世銀に対する信頼感が揺らぎ、コンサル業務を打ち切られてしまいます。サウジアラビア政府の不満に対応すべく、*Doing Business* を作成する際、上層部から圧力がかかり、サウジアラビアのスコアが不正に高くされていました。

ある意味、サウジアラビアがもつ豊富なオイルマネーが国際機関までも不正な方向に動かす結果になってしまいました。それだけ大きな影響力をもつ国がサウジアラビアなのです。

Part.5

# 労働構造と人的資本

Part.5

# 中東の労働市場の特徴

中東の労働市場の特徴として、民間部門が未発達であることを背景に、公務員志向が強いことが挙げられます。また、昔に比べて変化しているとはいえ、女性労働に対する制約も存在します。

非産油国の失業率は高くなっていますが（図A）。とりわけ若年層の失業率が高く、学校を卒業しても仕事がないという状況です。国内に仕事がないため、外国へ出稼ぎに行くことがひとつの選択肢になります。

こうした出稼ぎ労働者が向かう先のひとつが、同じアラビア語を用いる産油国です。産油国は人口が少ないため、外国人労働者

**Ⓐ 非産油諸国の失業率**（2022年）

| 国名 | 失業率 | 若年層失業率 |
|---|---|---|
| ヨルダン | 17.9% | 39.4% |
| チュニジア | 16.1% | 37.1% |
| レバノン | 12.6% | 25.5% |
| モロッコ | 10.5% | 24.9% |
| トルコ | 10.0% | 19.0% |
| エジプト | 7.0% | 17.1% |

出典：WDI.（Modeled ILO Estimate）

高失業率は社会の不安定につながり、政府としても対応を迫られる。

に依存しています。

外国人労働者はある程度コントロール可能なため、失業率も非産油国に比べると低くなっています。

出稼ぎ労働といえば、日本ではいわゆる「きつい・汚い・危険」の3K労働に従事する低賃金外国人を想像しがちですが、産油国では社会のあらゆる場面で外国人に依存しています。

そして、産油国では好待遇な自国民と外国人の「二重」労働市場が成立しています。同じ仕事をしたとしても自国民と外国人では給与・待遇が異なり、同一労働・同一賃金の状態ではありません。

中東の産油国と非産油国の労働市場は、外国人労働者を通じて結びついています。

## Ⓑ 産油国の失業率(2022年)

| 国名 | 失業率 | 若年層失業率 |
|---|---|---|
| サウジアラビア | 5.6% | 23.8% |
| UAE | 2.8% | 9.3% |
| クウェート | 2.5% | 15.4% |
| オマーン | 2.3% | 7.5% |
| バーレーン | 1.4% | 6.6% |
| カタール | 0.09% | 0.3% |

出典：WDI.（Modeled ILO Estimate）

# 外国人だらけの湾岸諸国

湾岸産油国の人口面での特徴として、外国人労働力に依存しているということが挙げられます。

国によってちがいはありますが、カタールやUAEでは人口に占める外国人比率が9割にも達しています。旅行でUAEに出かける場合、UAE人と直接話す機会は空港の入国審査官くらいのものです。

湾岸諸国は1970年代の石油ブーム期に急速な経済発展を遂げたものの、人口が少ない状態でした。

多くの途上国では経済発展の過程で人口過剰の農村部から都市部への労働力移動が

**連鎖移民**

海外で商売をして成功した人が、自国の知人・友人にもその仕事を勧め、同郷の人を引き寄せることで「連鎖移民」という現象が起こる。ドバイのタクシー運転手などのドライバーのほとんどがパキスタン出身で、メイドはフィリピンやインドネシア出身が多い。

生じますが、湾岸諸国の場合はそもそも「農村」人口が存在しませんでした。そのため、不足する労働力を外国に依存する構図ができたのです。

アラビア語が必要な仕事ではエジプトなど中東の非産油国、それ以外の仕事ではインド亜大陸、そして東南アジアではフィリピンなどが労働者の中心となっており、近年はアフリカからの労働者も目立ちます。

これらの諸国では、国内に雇用の場が少なく、過剰労働力を抱えているため、外国人労働者をめぐるプッシュ要因とプル要因がかみあいます。

湾岸産油国の外国人人口の大多数がインド（系）のため、筆者は湾岸諸国を「きれいなインド」と説明することがあります。

## GCC諸国の外国人人口(2021年)

| 国名 | 外国人人口 | 総人口に占める外国人割合 | 主な出身国 |
|---|---|---|---|
| バーレーン | 81万人 | 54.0% | インド、バングラデシュ、パキスタン、エジプト、フィリピン |
| クウェート | 259万人 | 72.1% | インド、エジプト、バングラデシュ、パキスタン、フィリピン |
| オマーン | 111万人 | 28.5% | インド、バングラデシュ、パキスタン、エジプト、インドネシア |
| カタール | 190万人 | 90.8% | インド、ネパール、フィリピン、エジプト、バングラデシュ |
| サウジアラビア | 1,460万人 | 48.3% | インド、バングラデシュ、インドネシア、パキスタン、エジプト |
| UAE | 800万人 | 88.5% | インド、パキスタン、バングラデシュ、フィリピン、イラン |

出典：World Bank, KNOMAD database.

Part.5

# 男だらけの湾岸諸国

湾岸諸国における外国人の人口は、端的にいうと男性人口が多くなっています。生物学的に考えると人口は男女比がほぼ同じになるはずです。

サウジアラビアとUAEの人口ピラミッド（図A・B）をみると、男女比がいびつな構造になっています。とくに、UAEは30代男性が突出しています。カタールもUAEと同様のピラミッド構造です。

このいびつさは外国人の流入によって起こる現象です。多くの労働者が従事する建設現場作業員などは20〜40代男性が中心になっています。

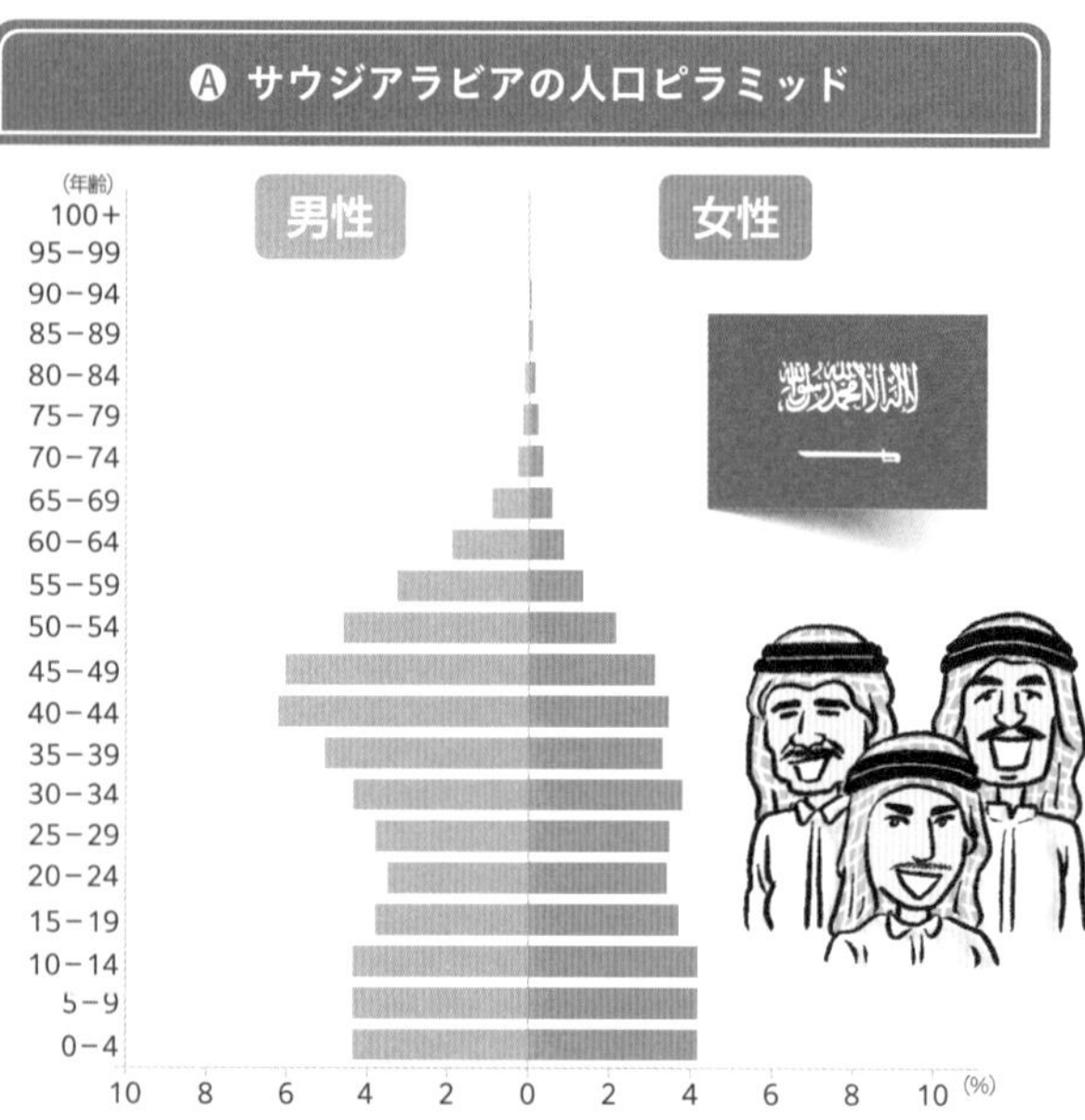


出典：PopulationPramid.net（https://www.populationpyramid.net/）

さらに低賃金と仕事の性格上、単身で産油国に「出稼ぎ」に行く人たちがほとんどです。産油国で稼いで、故郷にいる家族へ送金するのです。また、30代の人口が多いのも、仕事目的の外国人流入の多さを物語っています。もちろん、単身女性が仕事に来るケースもありますが、男性のほうが圧倒的に多くなっています。おそらく、自国民だけで人口ピラミッドを描くと男女比がほぼ同じになるでしょう。

旅行目的で産油国を訪れた場合、現場作業員は目につくことがなく、観光や小売産業では女性が従事していることが多いので、それほど男性が多いと感じることはないかもしれませんが、実際は男性の人口がものすごく多い社会になります。

## Ⓑ UAEの人口ピラミッド

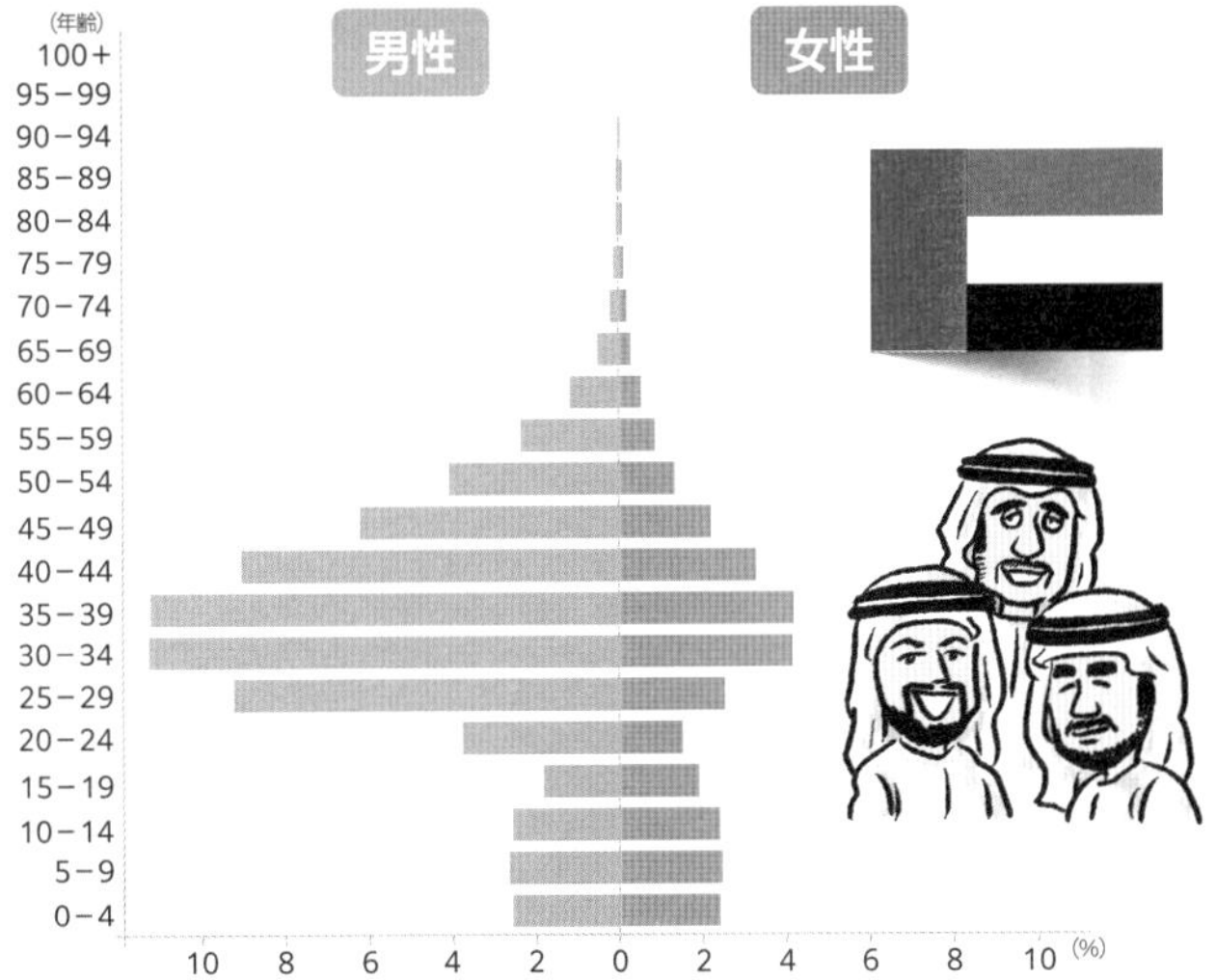

男性　女性

(年齢)
100+
95−99
90−94
85−89
80−84
75−79
70−74
65−69
60−64
55−59
50−54
45−49
40−44
35−39
30−34
25−29
20−24
15−19
10−14
5−9
0−4

10 8 6 4 2 0 2 4 6 8 10 (%)

出典:PopulationPramid.net(https://www.populationpyramid.net/)

Part.5

# 稼いだお金を故郷に送る

外国人労働者が多くなると、お金の動きも活発になります。湾岸諸国は外国人労働者の送金という点において、世界でも屈指の送出国となっています。

世界の海外送金額の送出と受入それぞれ上位10カ国（図A）をみると、湾岸諸国がいかに多くの労働者を集め、そして非産油国のエジプトやインド亜大陸が送金を受けとっているかがわかります。コロナ禍の影響で湾岸諸国から労働者が帰国したため、送金額が低下した時期もありましたが、現在はほぼもとの水準に戻っています。

また、世界でもっとも送金額が大きいの

**Ⓐ 海外送金額上位10カ国**(2022年)

| 国名 | 受入額(100万ドル) | 国名 | 送出額(100万ドル) |
|---|---|---|---|
| インド | 111,221 | アメリカ | 81,636 |
| メキシコ | 61,099 | UAE | 39,673 |
| 中国 | 51,000 | サウジアラビア | 39,349 |
| フィリピン | 38,048 | スイス | 33,550 |
| フランス | 33,927 | 中国 | 18,255 |
| パキスタン | 29,871 | クウェート | 17,744 |
| エジプト | 28,332 | ドイツ | 17,104 |
| バングラデシュ | 21,503 | ルクセンブルク | 16,232 |
| ナイジェリア | 20,127 | オランダ | 15,386 |
| ドイツ | 19,288 | フランス | 15,267 |

出典：世界銀行

この数値は世界全体のもの。送金という形で産油国の「レント」が非産油国にも流入している。ちなみに送出額でカタールは11位、オマーンは16位。

がアメリカからメキシコへの送金ですが、2番目がUAEからインドへの送金です（図B）。

湾岸諸国では街中やショッピングモールのなかに両替屋が多く、外国人労働者が故郷の家族に送金するため列をなしている姿をよく目にします。

かつてはハワラという、正規の金融機関を経由せず安価に海外へ送金するしくみがありましたが、9・11テロ事件で犯罪資金の送金に用いられ、アメリカからの圧力で現在では（表だって）みかけません。海外への送金は手間がかかり手数料も高く、フィンテック（金融分野における技術進展）と各国の規制緩和によって手軽に送金が行えるようになることが期待されています。

## Ⓑ 二国間送金額（推計、2021年）

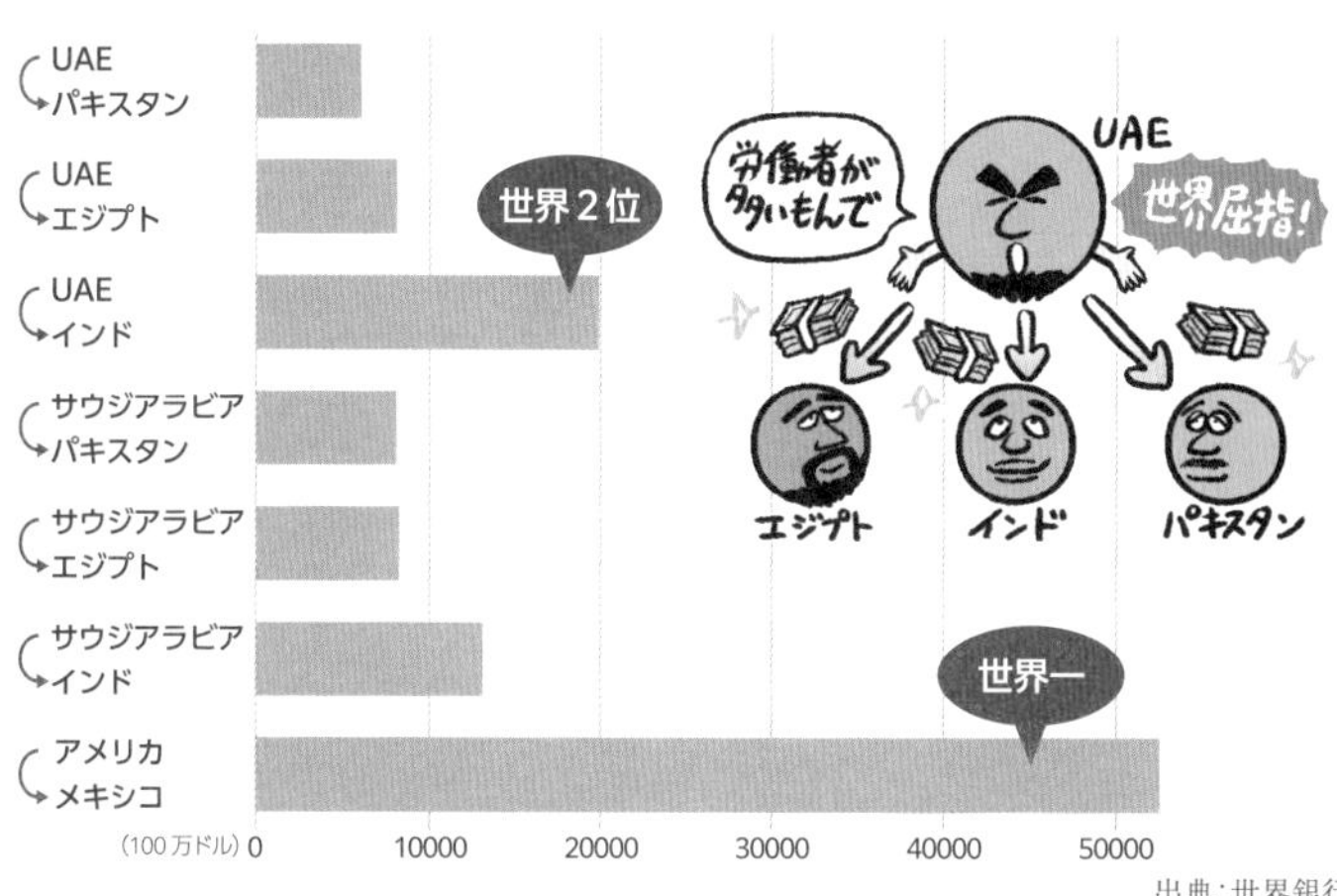


出典：世界銀行

UAEやサウジアラビアからインド、エジプト、パキスタンへの送金額が上位にランクされ、労働者の移動が多いことを示している。

Part.5

# 外国人労働者に頼りつづけられる？

自国民が全人口の2割に満たない国もある湾岸諸国ですが、労働者の問題を考えると、低賃金の外国人労働者に対する劣悪な労働条件や人権問題が挙げられます。

中東地域では「カファラ制度」という、雇用主に絶大な権限が認められているしくみがありました（イラスト参照）。労働者側に労働条件を変更する権限がなく、転職も本人の意思で自由にできませんでした。

カタール・ワールドカップの開催にともなって国際人権団体がこの問題を指摘し、カタールをはじめとする湾岸諸国では、公にはカファラ制度を廃止することになりました。

また、出身国の経済が発展して自国（出身国）で雇用が生まれた場合、外国人はわざわざ出稼ぎに行かなくてもよくなります。インドの経済発展が注目されていますが、優秀な人材が外に出ない状況になった場合、人材の取り合いになってしまいます。

アフリカや、アジアでもネパールやミャンマーなど、これまであまりメジャーではなかった出身国の人が湾岸諸国の労働市場に参入している背景には、このような事情もあるといえます。そして、最大の問題が自国民の増加です。これは、政府にとって慎重な対処が求められる問題です。

## カファラ制度

外国人を雇う際、自国民のスポンサー(雇用主)が必要になる制度。労働者はスポンサーによって雇用許可が下りれば就労可能だが、給与や休暇などの待遇はすべてスポンサーが決め、労働者側は従うほかなかった。退職や転職も雇用主の許可が必要だった。

Part.5

# 公務員での雇用も限界？

サウジアラビアは人口が多く、総人口に占めるサウジ人比率も5割を超えています。石油ブーム期以降、急速に医療インフラも発達したため、若年層の人口が著しく伸びています。

そのため、サウジアラビアでは急増する若年層の雇用が問題になっています。サウジアラビアに限った話ではありませんが、湾岸諸国で大学などの高等教育機関の整備が急ピッチで進められる背景には、若者を労働市場に参入させる時期を遅らせる意図もあるのではないか、と著者は考えています。

好待遇の公務員をめざし、もしなれなければポストが空くまで待つ「ニート状態」の若者も多く、サウジアラビアの若年層失業率はほかの湾岸諸国より高くなっています（151頁図B）。

石油価格が高ければ、ニート状態の若者を養う余裕も生まれますが、サウジアラビアとオマーンにおける若年層の雇用問題は深刻で、これまで外国人が行ってきた仕事を強制的に自国民に担わせる「労働力自国民化政策」を推進しているほどです。

湾岸諸国全体でこうした政策が行われていますが、まだカタールやUAEでは余裕があるようです。自国民の人口増加は、どの国にも共通する問題であり、今後の状況に注視する必要があります。

もういっぱいや〜〜
ぎゅうぎゅう
人口が多すぎる…！
石油が安いと公務員も雇えないよ〜〜…
公務員のポスト
枠空かない？
うようよ
ポスト空き待ち
福祉
枠がないんだって…
エ〜〜…
これでしのいでください…
枠が空くまで待つか…
公務員になりたい！
ひとまず大学に行って勉強しよう！
卒業
大学
入学

Part.5

# 課題山積の労働力自国民化

近年、サウジアラビアでは女性の社会進出が進んでおり、自国民女性の雇用機会を増加する必要もある。

湾岸諸国では外国人労働者を自国民に置き換える試みを、「〇〇ゼーション」と呼びます（サウジアラビアではサウダイゼーション、UAEではエミライゼーション）。

サウジアラビアでは、労働法の規定で、一部業種・職種ではサウジアラビア人のみ就労することが可能となっており、その範囲が拡大しています。

能力と待遇を考慮すると、民間企業では外国人を好んで雇います。そこで、2011年からニタカート・プログラムという、企業に対してサウジアラビア人を一定以上雇用する義務を課しています。

この規定をクリアすれば外国人の就労許可が多く与えられますが、未達成の場合は外国人の就労許可が下りず、公共事業や政府が主導する大規模開発プロジェクトの入札に参加できないなどペナルティが科せられます。仕事をしないサウジアラビア人を「納税」と考えて雇用してきた民間企業も、ペナルティがあるとなれば従わざるをえません。

国の発展のためには、産業界が必要とする人材を教育することも政府の役割です。しかし、教育の成果は短期間ではあらわれません。長期的なビジョンとともに、国民の労働に対する意識改革も必要で、サウジアラビアに限らず労働力自国民化の進展には課題が山積みです。

# 「働かざる者食うべからず」になるか？

パート3で、湾岸諸国の特徴としてレンティア国家のシステムを説明しました。石油収入を政府が国民にさまざまな形で分配することにより、王族が国民を支配する正当性が与えられるというものです。そのため、政府は国民に対してたくさんの恩恵を与えてきました。

好待遇の公務員としての採用も、そのひとつです。民間企業で働くよりもはるかに高給で、休暇も多く、楽な仕事が公務員であるならば、国民は民間企業で働きたいとは思いません。失業状態でも国が養ってくれるので、ますます働く意欲はなくなります。ある意味、湾岸諸国の失業問題は「国家がつくり出した失業」です。

民間企業側は逆に、仕事をせず、能力のわりに給与水準が高い自国民を採用したがりません。ここにミスマッチが生じ、自国民には無理をして働く必要はなく、国からすべてを与えられることに慣れきってしまう「レンティア・メンタリティ」が発生してしまうのです。

我々もできることなら働きたくないというのが本音でしょうが、日本では働かないと生活していくことができません。働かなくても食べていける人たちに「民間で働きなさい」と命じても、どんな理由であれ、すぐには従わないでしょう。国民の「意識改革」のためには、長期的な取り組みが必要になるのです。

湾岸諸国では近年、中小企業の育成やスタートアップ（起業）のための教育に力を入れている。産業構造を転換するという目的とともに、公務員以外の雇用を増加させるという目的もある。

# 湾岸諸国の学力は高くない

国際的な学力調査にはTIMSSとPISAがあり、日本など東アジア諸国は高い学力をもつ国ぐにとして知られています。

学校の教科の習熟度を調査しているTIMSSの結果（図A）をみると、湾岸諸国のスコアはいずれも当該学年の基準となる習熟度に達していない状態です。

UAEのドバイは、教育重視の姿勢で地域の他国に先駆けてこうした学力調査に参加してきました。小4数学の経年変化（図B①）からは、ドバイだけでみるとそれなりの成果といえます。

ドバイの学校におけるカリキュラム別の

**Ⓐ TIMSSスコア**（2019年）

| 国名 | 小4数学 | 中2数学 | 小4理科 | 中2理科 |
|---|---|---|---|---|
| シンガポール | 625 | 616 | 595 | 608 |
| 韓国 | 600 | 607 | 588 | 561 |
| 日本 | 593 | 594 | 562 | 570 |
| アメリカ | 535 | 515 | 539 | 522 |
| UAE | 481 | 473 | 473 | 473 |
| サウジアラビア | 398 | 394 | 402 | 431 |
| クウェート | 383 | 403 | 392 | 444 |

出典：TIMSS.

2019年のTIMSS（国際比較教育調査）スコアでは、500が基準スコアとなっている。

スコア（図B②）をみると、イギリスやインドのカリキュラムで行われる私立学校のスコアは良好ですが、UAEのカリキュラムは基準点に達していません。

UAE人でもたとえばイギリス式学校に通うこともあるため、一概にUAE人の学力が低いとはいえませんが、外国人が多く通うカリキュラム方式の学校がドバイ全体の平均を引き上げていることがわかります。「公立」UAEカリキュラム校のスコアは低く、図には載せていませんが、中2になるとその差はより大きくなります。

外国人学校がとくに多いドバイならではの特徴といえますが、UAE人の学力がさほど高くない現状は、自国民を労働市場に参入させるうえでハードルになります。

## Ⓑ UAEにおける小4数学スコアの経年変化とドバイのカリキュラム別スコア（2019年）

| ❶ UAEにおける小4数学の得点推移 | 2007年 | 2011年 | 2015年 | 2019年 |
|---|---|---|---|---|
| UAE全体 | | 434 | 452 | 481 |
| アブダビ | | 417 | 419 | 441 |
| ドバイ | 444 | 468 | 511 | 544 |

出典：TIMSS.

| ❷ カリキュラム | 小4数学 | 小4理科 |
|---|---|---|
| Private - UK | 565 | 564 |
| Private - Indian | 562 | 568 |
| Private - IB | 554 | 548 |
| Private - US | 507 | 500 |
| Private - MoE | 495 | 502 |
| Public - MoE | 483 | 488 |

ドバイ全体の平均スコア（2019年）

小4 数学 544

小4 理科 545

出典：Knowledge and Human Development Authority, Dubai.

IBはインターナショナル・バカロレアのカリキュラム、MoE（Ministry of Education）はUAEのカリキュラムを意味している。

# なぜ学力が低いのか？

経済発展、そして人的資本の蓄積のために、教育は極めて重要な役割を果たします。１６６頁で書いたように、湾岸諸国の学力はお金があるはずなのにイマイチ感が否めません。湾岸諸国は貧困が原因で就学が不可能という地域ではないので、教育の中身が問題になります。

まず、カリキュラムを宗教など伝統的なものに重きを置いたものではなく、社会が求めるものにする必要があります。これは各国が認識しており、ＩＴを活用したり、外国人と会話するための英語や技術発展のためＳＴＥＭ教育（理数系の教育）に力を入

れたりと改善に向けた努力はされています。

湾岸諸国の場合、女性に比べて男性の学力がふるわないことも指摘されています。

自国民の女性は学校の先生になることが多く、女子校に配属され、自国民の女子生徒を熱心に指導します。対して、自国民の男性は教員になりたがらないため、外国人の男性教員が多くなります。自国民男子生徒は、こうした外国人教員の仕事（教職）に対する意欲の低さを目のあたりにし、学習意欲が低下しがちです。ここにも外国人労働者に依存する弊害がみられます。

自国民に勤労の意義を教え、経済発展のために教えるべきことはなにか、長期的な観点で教育をとらえて人材育成をすることが求められることはいうまでもありません。

中東経済こぼれ話❻

## 経済成長は外国頼み

経済成長の考え方として「ソロー・モデル」があります。ざっくりといえば、資本と労働を増加させると生産も増加して、経済成長するということです。

ただし、どれだけ資本を増加させたとしても、やがては成長の速度が弱まり（収斂）、持続的な成長のためには資本と労働以外の要因として技術進歩など（全要素生産性）が必要である、という考え方です。

湾岸諸国の経済成長を考えると、石油危機によって大量のオイルマネーを手にすることで資本が増加しました（オイルマネーを元手にしてインフラ開発）。石油を外国に販売して得た「資本」です。そして、自国内の労働力が少なかったため、頭脳労働から肉体労働までさまざまなレベルの外国人労働者を大量に導入しました。

通常、人材育成のための教育の効果は時間がかかるのですが、「すでに教育されている」外国人を導入することで、あっという間に「労働」も増やすことができました。

さらなる成長に必要な「技術」はどうするか。近年のサウジアラビアやUAEなどの動きをみていると、技術もオイルマネーで外国から「買ってくる」傾向があるように思います。

このように考えると、湾岸諸国の経済成長はほぼ「外国頼み」です。まさに石油がなせるワザです。

# Part.6
# 中東経済の未来

Part.6

# 中東経済の新たな針路



大規模な港・空港を整備

航空会社を設立

外資誘致のため
フリーゾーンを
整備

進出外国企業に
投資
インセンティブを
提供

大規模な
観光開発や
不動産開発

国際社会は、大幅に化石燃料消費量を減らす世界に向けて、パリ協定という形で合意しました。石油という「売るものがなくなる」時代に向けて、中東はどのように対応しようとしているのでしょうか。

中東産油国のなかで例外的に非石油産業の育成に成功したのがドバイです。1950年代から石油に依存しない産業育成を志向してきました。たとえば、大規模な港や空港の整備による物流拠点としての機能の拡充、ヒト・モノの移動のハブとなる航空会社の設立、外資誘致のためのフリーゾーンの整備、進出外国企業に対する投資イン

センティブの提供、大規模な観光開発や不動産開発を推進しています。9・11テロ事件をきっかけとするオイルマネーの中東回帰の流れを受けて、2000年代以降に開発が急ピッチで進み、ドバイは中東・アフリカ地域のビジネス拠点としての地位を確固たるものにしています。

GCC諸国において産業構造の基盤は同一のため、成功したドバイのやり方が、ほかの国でも同様に展開されていきました。

そのほか、SWF（詳細は176頁）を設立してオイルマネーを運用し収益を得る方法も、近年では世界の資本市場に大きな影響を与えています。こうした国内に向けたドバイ流の開発の進展と、国外に向けたファンドでの運用が基本的な方向性です。

# サウジアラビアの「ビジョン2030」

サウジアラビア経済を語るうえで重要なキーワードが「ビジョン2030」です。ムハンマド・ビン・サルマーン皇太子が2016年に発表した、2030年までに石油収入に依存しない国家の実現をめざす計画です。

石油への依存から脱却するためには、これまで石油収入に依存してきた国家財政を投資収入に変えて運営する「投資立国」になる必要があります。

そのため、補助金削減などを通じて国民全体に広く負担を求め、そしてアラムコのIPOによって得た資金で投資を行っていきます。投資で国内の民間部門を育成し、さらには外資も導入することで、石油以外の収入を増やして財政基盤を安定させる計画です。

同計画は従来の開発計画と大きく異なり、社会変革にまで踏みこんでいて、外国の協力も得てさまざまな取り組みがスタートしました。

この計画は広範囲であり、目標の2030年までに掲げられたすべての実現は不可能でしょう（2024年4月に同国財務相がいくつかの計画は実現できない旨の発言をしています）。

しかし、若きムハンマド皇太子が伝統的・保守的なサウジアラビアに新しい風を吹きこみ、経済構造や社会を変革することが期待されているのは事実です。

## 「ビジョン2030」のおもな目標

**週１回以上運動する人の割合を13%から40%以上に増加**

国民をスポーツに関心を向かせるためのスポーツ振興

暑いから運動習慣がないサウジ人を運動させて健康な体にさせたい

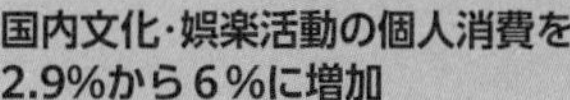

**国内文化・娯楽活動の個人消費を2.9%から６%に増加**

これまで禁止されていた映画館やアーティストのコンサート（ライブ）の解禁

**失業率を11.6%から７%に低下**

労働力自国民化推進、女性の社会進出のため禁止されていた女性の自動車運転解禁

**公的投資基金（PIF）の資産を6,000億リヤルから７兆リヤル超に増加**

石油ではなく石油収入を投資して稼ぐ国への変化

**GDPに占める民間部門の貢献割合を40%から65%に増加**

民営化推進、石油収入を国内企業に投資して育成

**GDPに占める海外直接投資の比率を3.8%から5.7%に増加**

経済都市・経済特区の設立、ビザ緩和など

ムハンマド・ビン・サルマーン皇太子（1985〜）

Part.6

# 投資を通じた国づくり

サウジアラビアが投資立国になるためのカギとなるのが、ＳＷＦのパブリック・インベストメント・ファンド（ＰＩＦ）です。

湾岸諸国では以前から、ＳＷＦを設立して国際金融市場でオイルマネーを運用していました。湾岸諸国のＳＷＦは保守的な運用と絶対的なリターン確保が特徴であり、「儲け第一」のスタンスです。投資家としてはあるべき姿のひとつでしょう。

ＰＩＦをはじめとして、近年は従来のＳＷＦとは異なる動きがみられます。そのひとつが、「国内の産業育成」を志向した投資です。たとえば、電気自動車（ＥＶ）を製

Ⓐ SWF（ソブリン・ウェルス・ファンド）

調査会社Global SWFのアニュアル・レポート（2024 Annual Report）によると、2023年湾岸諸国のSWFの資産運用額は4.1兆ドル（2023年は世界のSWF全体の4割ほど）。2030年には7.6兆ドルに増加すると予測している。

造するアメリカのルシード・モータースに投資し、同社がサウジ国内に工場を設立し生産・輸出を行っています。EVやAIなど時流を見据えた分野に重点投資をしており、スポーツ分野への投資もこの一環です。将来的に有望な産業・企業への投資によって、国内産業の育成を図っているのです。

また、サウジアラビアではアニメやeスポーツ（ゲーム）などエンタメ産業の振興もめざしています。そのため、こうした分野で優れたノウハウをもつ日本企業にも積極的に投資を行うようになりました。「オイルマネーで技術を買っている」との批判もありますが、オイルマネーを国づくり、新たな産業育成のために用いるという、新たな動向は世界から注目されています。

## Ⓑ PIFの対日投資

2020年以降でPIFが大量に株式を購入・保有した日本の上場企業（EDINETから）

| | |
|---|---|
| コーエーテクモ | ネクソン |
| カプコン | 任天堂 |
| 東映 | スクウェア・エニックス |

### 実際のPIFの動き

日本企業の株式を大量に取得した場合、財務大臣宛（実際は財務局）に報告をしないといけない。報告すると大量保有報告書が公表される。大量保有報告書はインターネット上のEDINETで閲覧することができる。

©Public Investment Fund - https://www.pif.gov.sa/

サウジアラビアはゲーム産業やアニメ産業の振興を行うべく、日本企業に投資し、サウジ国内でそうした産業の成長を志向している。2024年3月には日本のアニメ・ドラゴンボールのテーマパーク設立構想が発表された。また、日本の協力のもとマンガ・プロダクション（https://manga.com.sa/）というアニメ製作会社が設立され、作品が発表されている。

Part.6

# スポーツを通じた産業育成

**中東の国際スポーツイベント**

2006年
**第15回アジア競技大会（ドーハ）**

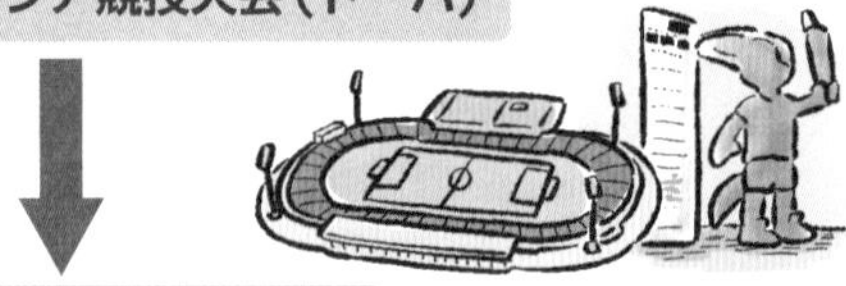

2022年
**カタール・ワールドカップ**

2034年
**サウジアラビア・ワールドカップ？**

中東の国際的なスポーツ大会のはじまりは2006年ドーハ・アジア大会から。その後、2022年カタールW杯が開催され、2034年にはサウジアラビアがW杯にも立候補している。

近年、スポーツにおいても中東の存在感が増しています。たとえばサッカーでは、2022年に開催されたカタール・ワールドカップのように国際大会を開催したり、欧州のサッカークラブのスポンサーになったり、サウジアラビアの国内リーグが有名選手を高額な金額で獲得したりしています。

こうしたスポーツ・ビジネスに力を入れる理由として、単純に「儲かる」こと以外に次の3つが考えられます。

まず、純粋な「広告効果」です。欧州のサッカークラブのユニフォームには中東の航空会社のロゴが入っています。有名選手

オリンピック

万博

2021年
ドバイ万博
(UAE)

2030年
リヤド万博（サウジアラビア）

石油価格が高値で推移し、国内で使える資金があるかぎり、産油国の世界のスポーツ界への「仰天な」話題は今後も多くなりそうだ。

をそろえた強豪チームには世界中に多くの視聴者がおり、広告効果が高くなります。とくに、エミレーツ航空は路線網や客層も考慮したスポンサー戦略を実行しています。

つぎに「ソフトパワー向上」です。ソフトパワーとは、文化的な力で他国によい影響を与えることです。スポーツイベントの開催やスポンサーシップによって、自国のイメージアップをねらっています。

そして、「国民に対するスポーツ習慣啓蒙」です。おもにサウジアラビアが意図しているもので、「ビジョン2030」で掲げた国民の運動習慣の確立に対して、実際にスポーツ関連の投資を行うことにより、その目的を達成するという国内（政策）への波及効果をねらったものです。

# 王族の趣味がビジネスに…競馬

3月の恒例行事に、1996年から開催されている競馬のドバイ・ワールドカップがあります。優勝賞金が世界最高額だったこともあるレースです。現在は2020年に創設されたサウジカップが最高額（2024年は優勝1000万ドル）です。なお、カタールにも競馬レースがあります。

競馬は、ドバイ王族（マクトゥーム一族）の趣味のひとつでもあります。馬自体は欧州貴族階級では一般的な趣味です。みずから所有する馬の競技会として競馬大会を開催し、高額賞金によって世界の主要なレースにまでなりました（イスラム教で賭けご

エミレーツ航空は2021年開催の東京五輪で馬術競技に使用する馬の輸送を担当した。カタール航空も2024年2月のサウジカップで日本の馬を輸送している。

とは禁止されているため、ドバイでは馬券が販売されていません)。ある意味、王様の道楽です。

現在のムハンマド・ビン・ラーシド・アール・マクトゥーム首長は、1990年代前半にゴドルフィンという競走馬のファームを設立し、競走馬ビジネスを確立しました。ゴドルフィンは北海道にも拠点があります。

競走馬の管理・育成ビジネスに加え、競走馬が外国のレースに出場する際には「輸送」も必要になります。ドバイ・ワールドカップは世界中の有力競走馬を招待していますが、ドバイへの輸送はエミレーツ航空が担っています。生き物であり超高額でもある競走馬の輸送において、世界有数のノウハウを有する企業になっています。

Part.6

# 世界から脚光を浴びる観光開発

観光産業は、非石油産業育成の柱のひとつとして、どの国でも注力されています。サウジアラビアも、かつては認めていなかった観光目的での外国人の入国を2019年に解禁し、雇用を創出する新たな産業として、観光産業の育成を進めています。

湾岸諸国における観光開発は、ドバイが先行してきました。ドバイには中東ならではの歴史的遺跡などがありませんでした。

そのため、「人工的」な観光施設を開発すべく、ビーチリゾートやショッピングセンター、テーマパーク施設の建設に着手します。その過程で、「世界一」と耳目を集める

ような施設を多くつくりました。

　このドバイ流の観光開発は周辺諸国にも広がり、アブダビでは海外著名美術館の分館を誘致するなど文化に力をいれて差別化を図る試みも行われています。

　下図はエジプトとUAEの国際観光収入を比較したものです。エジプトは古代遺跡を「みるだけ」の観光が中心で、地元にそれほどお金を落とす構図になっていません。

　一方のUAEは「カネを使ってなんぼ」の観光開発を進め、それが自国経済にも貢献しました。

　バックパッカーのような貧乏旅行者向けの旅行先というイメージを否定し、それが自国のイメージを醸成することにもつながっています。

## 国際観光収入（エジプトとUAE）

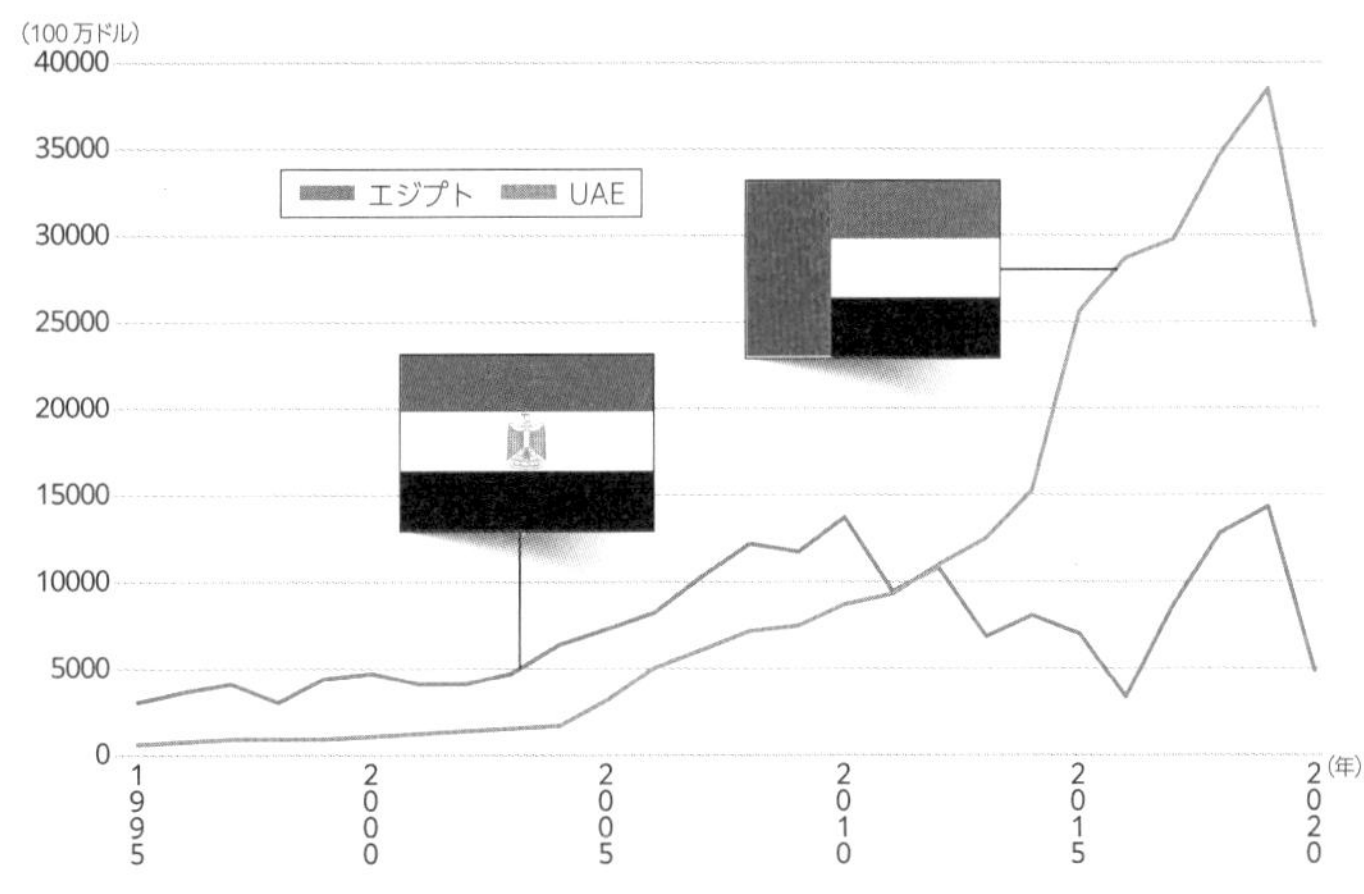


出典:世界銀行

2012年にUAEが「カネを落とす」観光開発を進めてエジプトを抜いたあと、差が広がっている。

# 利子という言葉は使わない：イスラム金融

金融とは、余剰資金が足りない主体に対する移転を意味し、通常はその移転（返済）の際に利子を支払います。ところが、イスラム教では、利子をふくむ金貸しが禁止されています。

イスラム教の国にも、通常の金融機関は存在します。イランとスーダンでは通常の銀行がなく利子をとらないイスラム銀行のシェアが100％となっています。

もともと中東には欧米の銀行しかなく、信仰心の厚い人たちは銀行を利用していませんでした。

1975年、世界初のイスラム銀行とし

Ⓐ イスラム金融資産の成長（2015～2021年）

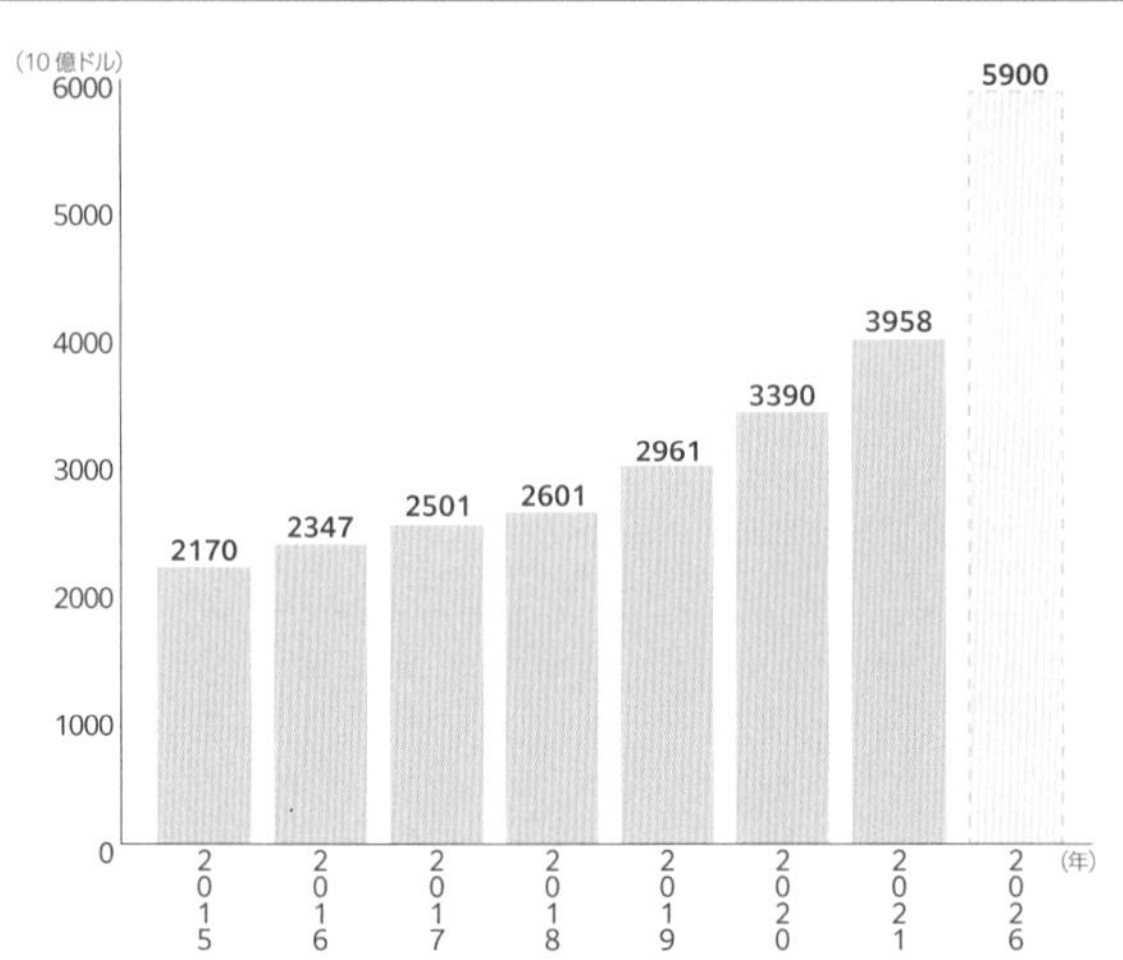


出典：ICD-REFINITIV,Islamic Finance Development Report 2022.

近年、世界のイスラム金融はめざましい高成長を続けている。

てドバイ・イスラム銀行が設立されると大成功を収め、中東や東南アジアでイスラム銀行が設立されていきます。

現在、サウジアラビアではイスラム金融のシェアが7割程度です。世界的にみると、中東の湾岸諸国とマレーシアがイスラム金融の二大拠点となっています。

図Bで、ムラーバハという基本的なイスラム金融のスキームを説明しています。ほかにもさまざまなスキームが存在しますが、極論そのすべてが「利子という言葉を使用しない」方法になっており、銀行はこれで収益をあげています。

債券市場でもイスラム式が増えており、とくに政府案件の場合には無視できないほどになっています。

Ⓑ イスラム金融の具体例：ムラーバハ

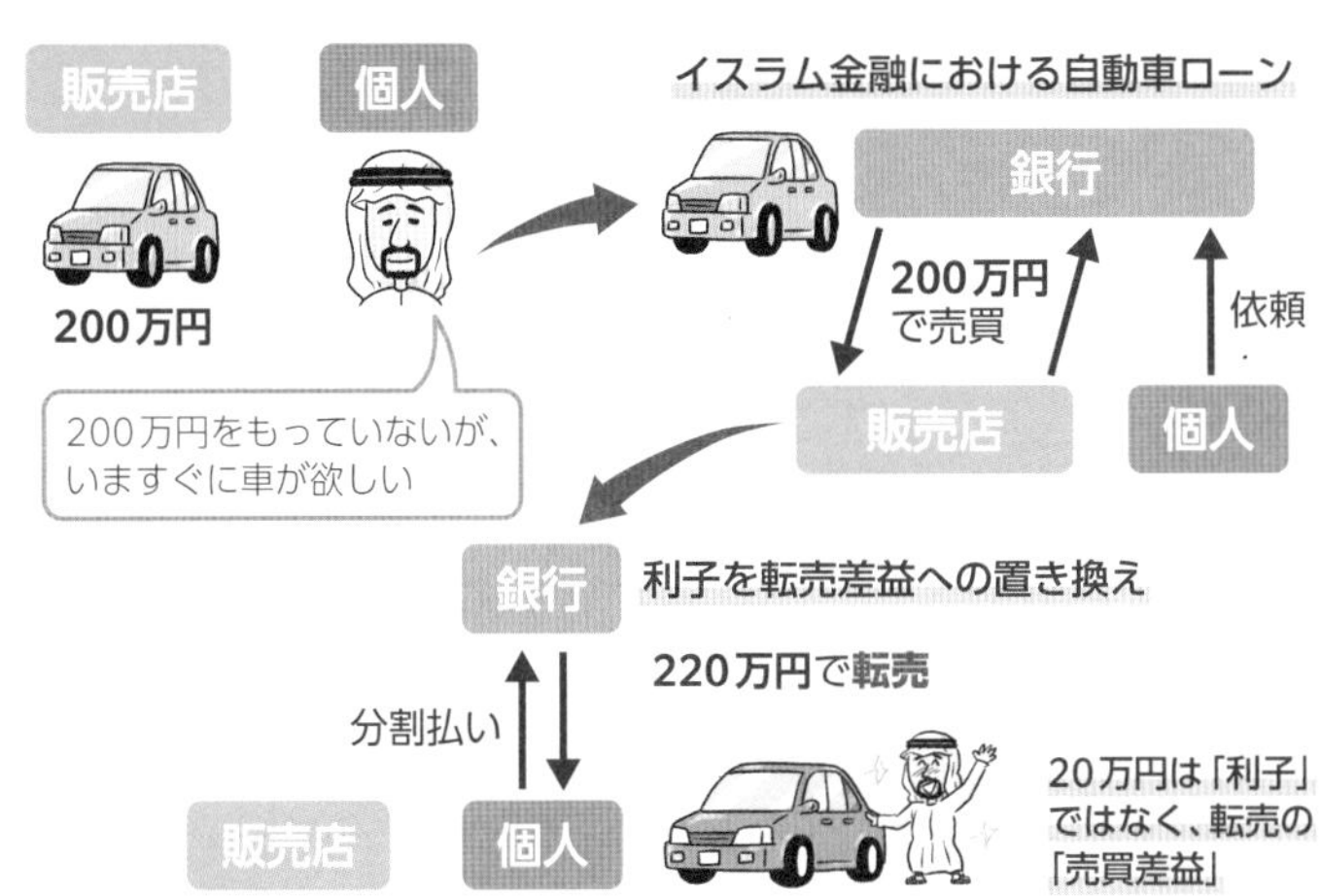


顧客による「利子という言葉を用いない」という要望に対応した、「マーケティング」の手段である部分が大きい。

肉を処理する際、メッカの方角に向かってコーランの一節を唱えながら牛に苦痛を与えないように一気に首を切るなど、処理方法が決まっている。処理場ごとハラル認証の対象で、作業員もイスラム教徒である必要がある。日本国内ではインドネシア人などが担当していることが多い。

Part.6

# イスラム圏市場へのパスポート：ハラル認証

近年、日本産食品の輸出が注目され、「ハラル」という言葉を耳にすることが多くなりました。また、訪日外国人も増加しており、国内の外食産業でもハラル対応に迫られるケースが出てきています。

ハラルとは「イスラム教徒が口にすることを許されている」ということを意味します。逆に口にすることを許されていないものを「ハラム」と呼びます。肉の場合、イスラム教徒は豚肉が禁止されていますが、牛肉や鶏肉も教義に則った処理を行わないといけません。また、豚肉を調理したまな板や包丁で鶏肉を調理することも許されま

ユダヤ教には「コーシャ」というイスラム教のハラルに相当するものがある。ヘブライ語で「適正」という意味で、ユダヤ教徒が食べていいというお墨つき。このコーシャ認証に注目する日本企業が出てきており、ユダヤ人が多いアメリカの富裕層をターゲットにしている。

せん。食品そのものの禁忌だけではなく、調理方法や生産プロセスまで教義に合致している必要があります。食品以外にも化粧品などに対するハラル認証もあります。

イスラム教国のマレーシアは多民族国家で、1960年ごろから食品がハラルであると証明するしくみをつくりはじめます。

ハラルを認証する団体が問題ないと判断した場合にハラル・マークをつけて販売できます。認証団体は多数あり、また団体によって差異があります。中東市場の場合はマークなしでもハラルが当然となっていますが、食品関係の中東市場を開拓するためには、ハラルを十分に意識する必要があります。ハラルはトレーサビリティ（生産履歴管理）問題そのものです。

Part.6

# 次世代エネルギー供給地をめざす中東

中東は現在、石油の一大生産地であり、脱炭素の流れが進行しても石油収入の最大化を志向するでしょう。産業構造の変革は短期間で達成できるものではありません。

同時に、次世代の新エネルギーとして「水素」にも注力しています。水素は燃焼しても二酸化炭素を排出しないため、環境にやさしい次世代エネルギーと称されます。

水素の製造にはいくつかの方法がありますが、天然ガスなどの化石燃料と電気、水などが必要になります。まず、中東には安価な化石燃料が存在します。さらに地理的に日射条件が太陽光発電に適しており、コ

イノベーションセンター

集光型太陽熱発電所

R&Dセンター

ムハンマド・ビン・ラーシド・アル・マクトゥーム・ソーラーパーク（イメージ）

ストも低いため、水素の製造において世界的に有利な地域となります。近年、中東でも脱炭素が掲げられるようになり、太陽光発電施設が実際に稼働しはじめ、今後も増加する見込みです。その太陽光発電でつくられた電力で水素を製造する構想が注目されています。中東は水素製造・輸出にも適した地域であるという指摘も多々あります。

水素については乗り越えるべき課題も多く、その成否は明言できません。中東では政府主導の水素開発が行われています。「石油が使われない時代」に向けて、自国の利益を獲得するため、石油と並行して開発が進められるでしょう。新エネルギー分野でも世界が中東に依存する構図をめざしているとも考えられます。

## おもな水素のつくり方

| 名称 | つくり方 | $CO_2$排出 | コスト |
| --- | --- | --- | --- |
| グリーン水素 | 水を電解（太陽光など再エネで発電した電気で分解する） | $CO_2$ゼロ | 高 |
| ブルー水素 | 化石燃料を燃焼させたガスの中から水素を取り出す | 回収・貯留 | 中 |
| グレー水素 | 化石燃料を燃焼させたガスの中から水素を取り出す | そのまま放出 | 低（環境に悪い） |

紹介した水素はとくに水を電解するコストが現状極めて高く、技術進歩が期待される。加えて、爆発しやすい水素の輸出を実現するためには輸送技術も必要になる。

# 中東にお金もちは多いのか？

日本ではドバイは良くも悪くも「お金もち」というイメージでよく語られます。ヘンリー＆パートナーズというイギリスの投資移住コンサル会社が世界各都市の億万長者数ランキングを発表していますが、2023年版をみると、100万ドル以上の資産を有する人がもっとも多い都市はニューヨークで、2位が東京、3位がサンフランシスコです。なんと東京には約29万人のお金もちがいます。

この報告では、ドバイの資産100万ドル以上保有者は約6万8,000人で中東1位、アブダビが約2万4,000人で中東3位です。両都市あわせて9万人ほどで、つまり東京にはお金もちがUAEの3倍もいることになります。

ドバイには（裏ルートもふくめて）世界からお金もちが集まっているとはいえ、その中心は欧米系やインド系、そしてアラブ系です。マーケティングの概念に宗主国効果というものがあり、ドバイに集まるお金もちは欧米の製品やサービスに強くひかれる傾向があります。

新興国市場としてインドが注目されていますが、インドの日本企業は欧米系に比べて苦戦を強いられていることがその証左です。

もちろん、資産保有者の成長率は中東が群を抜いていますが、足下の日本・東京はドバイ以上にお金もちが多く住む都市なのです。

■参考URL

中東経済に関する書籍は日本語でほとんど存在しません。そのため、ここでは石油や中東経済関連の情報を掲載している、一般の人でも無料でアクセス可能なWebサイトをいくつか紹介します。本書であつかっているデータなどのアップデートにご活用いただければ幸いです。

〔石油関連〕

ENEOS『石油便覧』 https://www.eneos.co.jp/binran/

1921年から書籍として発行されてきた歴史ある石油専門書で、2008年からWeb版が公開されています。石油製品や石油産業などについて、一般向けの情報が詳しく掲載されています。歴史年表やデータも掲載されています。

資源エネルギー庁『エネルギー白書』 https://www.enecho.meti.go.jp/about/whitepaper/

毎年発行されている、日本と世界のエネルギー政策と関連データが掲載されている白書です。日本政府のエネルギーに対する考え方を知るためには基本的な情報源となります。

JOGMEC　石油・天然ガス資源情報 https://oilgas-info.jogmec.go.jp/index.html

独立行政法人エネルギー・金属鉱物資源機構のホームページで公開している石油や天然ガスに関する情報です。用語辞典があります。

Energy Institute *Statistical Review of World Energy*
https://www.energyinst.org/statistical-review

かつて英BPが発行していたエネルギーについての世界的統計の後継版です。世界のエネルギー関係で一般に公開されている統計としてはもっとも基本となる情報源です。毎年6月ごろに新しいデータに更新されます。(英語)

〔中東ビジネス関連〕

JETRO　国・地域別情報 https://www.jetro.go.jp/world/

日本貿易振興機構（JETRO）が提供している世界の国別のビジネス情報です。日本語でアクセスできるビジネス情報としては第一歩になるでしょう。

※URLは2024年3月末時点のものです

著者　**細井 長**（ほそい・たける）

1977年生まれ、秋田県出身。立命館大学国際関係学部、同大学院国際関係研究科博士前期課程、同大学院経営学研究科博士後期課程修了。博士（経営学）。現在、國學院大學経済学部教授。専門は国際経済、中東経済、エネルギー経済。著書に『中東の経済開発戦略』（ミネルヴァ書房）、『アラブ首長国連邦（UAE）を知るための60章』（明石書店）。

カバーデザイン　**井上祥邦**（yockdesign）

本文デザイン・図版・DTP　**造事務所**

イラスト　**ニシノアポロ**

編集　**石沢鉄平**（株式会社カンゼン）

中東の経済学

発行日　2024年6月12日　初版

著　者　細井 長

発行人　坪井 義哉

発行所　株式会社カンゼン
〒101-0021
東京都千代田区外神田2-7-1 開花ビル
TEL 03（5295）7723
FAX 03（5295）7725
https://www.kanzen.jp/
郵便為替 00150-7-130339

印刷・製本　株式会社シナノ


ISBN 978-4-86255-728-5　Printed in Japan

定価はカバーに表示してあります。
ご意見、ご感想に関しましては、kanso@kanzen.jp まで
E メールにてお寄せください。お待ちしております。